Hexenwissen

Register

Dankrituale

Wenn durch Rituale, die wir durchgeführt haben, Wünsche in Erfüllung gegangen sind, erachten wir dies oft als Selbstverständlichkeit – so nach dem Motto: »Es wäre ja sowieso so gekommen« oder »Es ist ja nur mein eigenes Verdienst«. Wo bleibt da die Demut vor den spirituellen Kräften, die uns zur Seite gestanden haben? Sie werden in dem Moment vergessen, in dem sie nicht mehr benötigt werden. Dabei ist es gerade in der Magie wirklich wichtig, auch für die empfangene Hilfe zu danken, sie zu schätzen und vor allem sich ihrer bewusst zu sein.

Sie werden es schon bald merken: Auch ein Dankritual gibt Ihnen ungeheuer viel Kraft, Schutz und Ausgeglichenheit.

Danken können

Stellen Sie sich vor, ein guter Freund hat Ihnen einen lukrativen Job besorgt. Sie haben nun den Job, aber Sie denken, Sie haben ihn doch nur wegen Ihrer besonderen Qualifikationen bekommen, und sehen es als absolut überflüssig an, diesem Freund für seine Hilfe und Vermittlung zu danken. Glauben Sie wirklich, er würde jemals wieder einen Finger für Sie krumm machen? Also ich persönlich wäre ziemlich traurig und enttäuscht. Ein einfaches Danke, das von Herzen kommt, zeigt auf jeden Fall schon einmal, dass Ihnen bewusst ist, Hilfe erhalten zu haben und dies auch entsprechend honorieren zu wollen. Auf der anderen Seite dürfen Sie sich auch nicht wundern, wenn Ihre Ignoranz Früchte trägt und beispielsweise der Job, den Sie durch die Vermittlung eines Freundes bekommen haben, plötzlich aus unerklärlichen Gründen wieder flöten geht.

Dank für das Leben

Ein exemplarisches Ereignis, zu dem wir immer vergessen, danke zu sagen, ist unser Geburtstag. Wer hat uns denn geboren, wer hat die ganzen Schmerzen ausgehalten und monatelang unsere Fußtritte im Bauch erduldet? Haben Sie jemals an Ihrem eigenen Geburtstag auch Ihrer Mutter für Ihre Geburt gedankt? Eine schöne Rose wäre doch wohl mindestens angebracht, nicht nur am Muttertag, auch an Ihrem Geburtstag.

Bild links: Räucherkohle und magische Öle werden oft bei Dankesritualen verwendet.

Das große Dankritual

Ihre Dankbarkeit muss aus dem Herzen kommen. Nur aus Pflichtgefühl danke zu sagen ist nicht das Richtige. Verbinden Sie das Dankeschön mit dem Gefühl der Liebe.

Zutaten

Eine weiße Tischdecke
Zwei weiße Kerzen
Die magischen Öle Angel, Magic und Doves Blood
Theas Dankesräucherung
Angel-Räucherung
Ein Räucherkessel
Sand
Räucherkohle
Ein Mörser
Ein Haselnusszweig als Zauberstab
Ein weißes Blatt Papier
Ein Stift
Ein Strauß Eisenkraut

Der richtige Zeitpunkt

Das Danksagungsritual führen Sie an sieben Montagen hintereinander durch, jeweils zwischen 14.00 und 15.00 Uhr oder zwischen 21.00 und 22.00 Uhr (nach der Winterzeit).

Eisenkraut ist sehr vielseitig verwendbar, u.a. ist es eine bewährte Zutat für ein Dankritual.

Vorbereitung

Stellen Sie einen kleinen Tisch oder ein Tablett Richtung Osten auf, und legen Sie die weiße Altardecke darauf. In die Mitte des Tisches legen Sie Ihren Wunschzettel, das weiße Blatt Papier, auf das Sie genau schreiben, mit Angabe Ihres vollen Namens, was Sie sich wünschen. An die oberen Ecken des Wunschzettels stellen Sie zwei weiße Kerzen. Nun benötigen Sie Angel-Öl, Magic-Öl und Doves-Blood-Öl. Ölen Sie die Kerzen mit je einem Tropfen Öl, den Sie zwischen Daumen und Zeigefinger zerreiben, von der Mitte nach oben und von der Mitte nach unten ein. Oben in die Mitte kommt die Vase mit dem Eisenkraut. Stellen Sie vor die weißen Kerzen das Räuchergefäß, geben Sie etwas Sand hinein, und legen Sie eine angezündete Räucherkohle darauf. Während Sie warten, bis die Räucherkohle gut durchgeglüht ist, zerstoßen Sie ca. einen halben Kaffeelöffel von Theas Dankesräucherung in dem Mörser und geben dann einen halben Kaffeelöffel Angel-Räucherung dazu. Wenn die Kohle einen weißen Film hat, ist sie richtig durchgeglüht.

Eisenkraut, das heilige Kraut der Antike, ist universell einsetzbar. Es gibt nichts, gegen das es nicht hilft.

Durchführung des Rituals

Jetzt beginnt das eigentliche Ritual. Entzünden Sie die Kerzen. Nehmen Sie den Zauberstab aus Haselnuss, und zeichnen Sie damit symbolisch im Uhrzeigersinn einen Kreis um sich und den Altar. Geben Sie die Räuchermischung auf die Kohle. Setzen Sie sich in bequemer Haltung vor Ihren Altar, und sprechen Sie laut:

Ich heiße Euch willkommen,
Ihr Mächte des Kosmos,
Ihr Göttinnen und Götter,
und ich heiße vor allem Dich willkommen,
große Göttin Diana,
die Du Deine Tochter Aradia
zu uns auf die Erde gesandt hast,
um uns Glück und Frieden
mit Hilfe der Magie zu bringen.
Bitte stehe mir bei diesem Ritual bei
und gib mir all Deine Kraft.
Dank sei Dir und all Deinen Helfern.

Visualisieren des Wunsches

Schließen Sie nun die Augen, und stellen Sie sich vor, wie die Göttin Diana mit glücklichem, friedvollem Gesicht vor Ihnen erscheint und sich darüber freut, dass Sie nicht vergessen haben, sich für die erhaltene Hilfe zu bedanken. Führen Sie mit der großen Göttin ein Zwiegespräch. Haben Sie keine Scheu. Sie können ihr frei aus Ihrem Herzen erzählen, welche Freude es Ihnen bedeutet, dass Ihre Wünsche in Erfüllung gegangen sind. Das Bild, das Sie sehen, muss so real wie nur möglich sein. Stellen Sie sich alles genau vor. Sie sollten nicht nur sehen, sondern auch alle anderen Sinne aktivieren. Versuchen Sie, die Situation auch zu fühlen, zu riechen, zu hören und vor allem in Ihrem tiefsten Inneren zu empfinden. Arbeiten Sie mindestens zehn Minuten an dieser Empfindung.

In vielen Religionen ist es Sitte, den Göttern Speise und Trank auf den Altar zu stellen. Auch bei uns erhalten eine Schale mit Früchten und ein Kelch mit Rotwein die Freundschaft.

Das Ritual beschließen

Dann öffnen Sie Ihre Augen wieder und bedanken sich bei Diana für ihre Aufmerksamkeit:

Ihr Mächte des Kosmos,
Ihr Göttinnen und Götter,
und vor allem Du, große Göttin Diana,
ich danke Euch für Eure Hilfe,
für Eure Aufmerksamkeit und
für die Kraft, die Ihr mir gebt,
meine Ziele zu erreichen.
Ich entlasse Euch nun wieder
und weiß, dass Ihr allezeit an meiner Seite weilt.

Das Ritual ist damit beendet. Nehmen Sie Ihren Zauberstab, und öffnen Sie den Kreis wieder, indem Sie symbolisch einen Kreis um sich und Ihren Altar entgegen dem Uhrzeigersinn in die Luft zeichnen. Löschen Sie die Kerzen. Nun sollten Sie etwas essen und trinken.

Vergraben von Wunschzettel und Kerzen

Nach dem siebten Montag packen Sie Ihren Wunschzettel und die Kerzen zusammen und vergraben sie unter Ihrem Lieblingsbaum.

THEA

Hexenwissen

Beschwörungen und Hexenrituale für ein glückliches Leben

Bassermann

Inhalt

Bild Seite 2: Magie ist ein weit gefächertes Wissensgebiet. Lassen Sie sich mit Hilfe dieses Buches in Welt der Magie entführen.

N
W
O
S

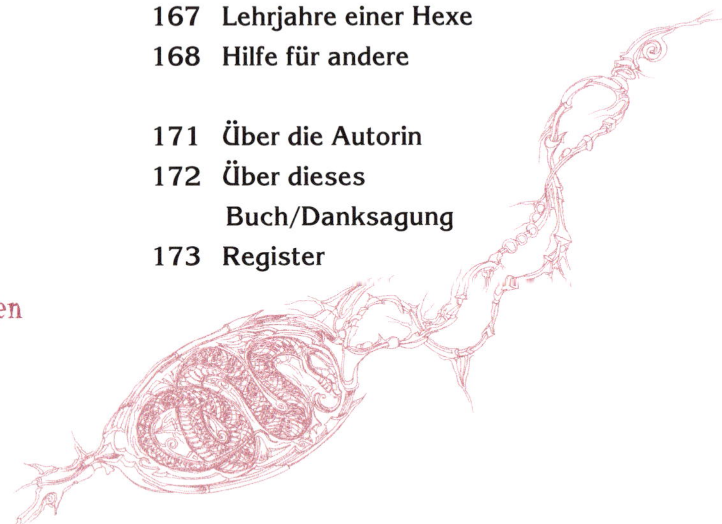

Einleitung

Im »Faust« lässt Goethe eine Hexe das Hexen-Einmaleins sprechen. Er hat dieses Hexengedicht nicht selbst geschrieben, sondern es handelt sich um eine alte verschlüsselte Botschaft.

Lernen alleine ermöglicht es nicht, Magie zu verstehen. Der tiefere Sinn aller magischen Vorgänge entsteht im Herzen.

Das Hexen-Einmaleins

Du musst verstehen!
Aus Eins mach Zehn,
Und Zwei lass gehn,
Und Drei mach gleich,
So bist du reich.
Verlier die Vier!
Aus Fünf und Sechs –
So sagt die Hex –
Mach Sieben und Acht,
So ist`s vollbracht:
Und Neun ist Eins,
Und Zehn ist keins.
Das ist das Hexen-Einmaleins!

Wer den Code des »Hexen-Einmaleins« knackt, entdeckt dahinter die sieben Schritte der wahren Initiation in die Geheimnisse der Magie und die Realitäten dieser Welt. Es ist ein weiter und beschwerlicher Weg, die Magie bis in ihre Tiefen zu verstehen und dadurch wirklich effektiv mit ihr zu arbeiten. Ich bin diesen Weg viele Jahre gegangen und dadurch zum Grad einer initiierten Hexe gelangt. Dabei wurden mir einige Zusammenhänge klar.

Wenn man mit Magie umgeht, trägt man ein großes Maß an Verantwortung. Alles, was man tut, kann die Zukunft verändern, zum Guten wie zum Schlechten. Es ist daher sehr wichtig, sich vorher zu überlegen, was man damit anrichten kann und ob man das – möglicherweise oberflächlich – Gewünschte auch wirklich will. Magie ist auf jeden Fall keine Spielerei ohne Konsequenzen, ohne Auswirkungen. Seien Sie sich darüber im Klaren, wenn Sie eines der Rituale oder Rezepte dieses Buches ausführen: »Ausprobieren« geht

nicht, Ihr Handeln wird immer eine Wirkung zeigen, und wenn Sie nicht richtig gearbeitet haben, vielleicht auch eine vollkommen andere Wirkung, als Sie geplant haben. Ich möchte Ihnen jetzt keine Angst machen: Die Rituale und Rezepte in diesem Buch sind genau angeleitet, und Fehler sollten daher eher nicht passieren. Tun Sie auf jeden Fall das, was Sie tun, sehr bewusst.

Wenn Sie magische Rituale für andere Menschen durchführen, wird das auf Sie zurückfallen. Ein Liebesritual für eine Freundin wird auch mehr Harmonie in Ihre eigene Partnerschaft bringen.

Weiße Magie

Das Wichtigste ist, immer in Liebe zu wirken und niemals aus Hass oder Wut magisch zu arbeiten. Alle Energie, die Sie mit negativen Gedanken in sich aufwenden, kommt zum einen in fünf- bis zehnfacher Stärke zu Ihnen zurück, und zum anderen stellen derartige Handlungen einen schweren Missbrauch der kosmischen Kräfte dar. An diese Regeln habe ich mich immer gehalten, und auch Ihnen möchte ich sie vermitteln. Bemühen Sie sich also um eine positive Haltung Ihnen selbst und Ihren Mitmenschen gegenüber, und vergewissern Sie sich, dass Sie mit einem Ritual keinen Schaden anrichten können. Besteht nur der geringste Verdacht, lassen Sie es bleiben. So sollten Sie beispielsweise kein Liebesritual durchführen, wenn der von Ihnen gewünschte Partner in einer festen Beziehung lebt. Sie würden diese Beziehung stören und einen anderen Menschen verletzen. Alle Anleitungen in diesem Buch sind aus alten Überlieferungen abgeleitet, modernisiert (also keine Krötenbeine und kein Hühnerblut!) und schon zahlreich angewandt und als höchst wirkungsvoll bestätigt worden. Sollten Ihre Bestrebungen, Ihre Wunschziele mit Magie zu erreichen, fehlschlagen oder seltsame Ergebnisse zeigen, scheuen Sie sich nicht, sich entweder persönlich an mich zu wenden oder eine Hexe oder einen Magier Ihres Vertrauens um Hilfe und Unterstützung zu bitten. Das ist sehr wichtig, da man selbst oft nicht genau absehen kann, welche Folgen das eigene Handeln, speziell in der Magie, nach sich ziehen kann.
Aber zunächst möchte ich Ihnen viel Freude und viele neue Erfahrungen mit diesem Buch wünschen. Mögen Ihre Rituale und Rezepte alle gelingen und das beste Ergebnis herbeiführen.

In Licht und Liebe

Ihre Thea

Was ist Hexenwissen? 

Um Ihnen für Ihren magischen Weg einige Anregungen und Denkanstöße mitzugeben, werde ich in den ersten Kapiteln versuchen, Magie und magisches Arbeiten in ihrer Natur und ihrer Wirkungsweise zu erklären. Was stellen wir uns unter Hexenwissen vor? Meist assoziieren wir zuerst wirre Zaubersprüche, brodelnde Hexenkessel und besenreitende, alte, hakennasige Frauen. Hexenwissen ist aber alles andere als wirr oder brodelnd.

Die Natur birgt immer noch so viele Geheimnisse, die wissenschaftlich nicht erklärt werden können. Die Magie arbeitet mit diesen Geheimnissen.

Klare Wünsche

Magie wird zumeist in aller Stille zelebriert, und die Wünsche und Ziele des magischen Rituals sollten so klar wie möglich formuliert sein. Magie bedeutet, eine Einheit zwischen Mensch und Kosmos zu schaffen. Aus dieser Einheit kann alles entstehen, was an Möglichkeiten in irgendeiner Form vorhanden ist. Dieses Wissen hat eine sehr alte Tradition. In der frühesten Menschheitsgeschichte gab es noch keine Chance, eine E-Mail zu schicken oder zu telefonieren, also behalf man sich mit Telepathie. Gedankenübertragung funktioniert ungefähr genauso wie heute das Radio: Sender und Empfänger müssen auf die gleiche Welle eingestellt und das Gehirn muss eingeschaltet sein.

Erkenntnis der Natur

Es gab vor gar nicht so langer Zeit noch nicht die Möglichkeit, mit Laserstrahlen eine Herzrhythmusstörung zu reparieren, also erforschte man die Geheimnisse der Natur, vor allem der Pflanzen, um gesundheitliche Schäden zu beheben. Dabei stieß man auch auf die Erkenntnis, dass Kräuter und Blumen nicht nur zur Behandlung von körperlichen Leiden einsetzbar sind, sondern auch Geist und Seele von ihnen beeinflusst werden können. Es entstand eine eigene Kräuterwissenschaft. Heute kann man anhand chemischer Untersu- … erklären, warum Zitrone die Konzentration fördert oder … iskraut die Seele beruhigt. Früher waren es einfach … e.

*Bild links:
Alle Frauen haben die potenziellen Kräfte einer Hexe; sie müssen nur geweckt, geformt und gefördert werden.*

Das Hexenwissen ist also die uralte Art, den Verstand aufmerksam zu gebrauchen und den Kosmos, die Erde, die Natur und den Menschen als ein Ganzes zu betrachten, als eine Summe von Wechselwirkungen, die voneinander abhängig sind. Magisch arbeitende Frauen – und natürlich auch Männer – haben sich dieses Wissen zunutze gemacht, um die menschlichen Schicksale zu beeinflussen. Natürlich kann diese Beeinflussung im positiven wie im negativen Sinne geschehen, aber auf diesen Punkt will ich erst später ausführlicher eingehen. Die Haupteinsatzgebiete von Magie waren die Heilkunde, die Geburtshilfe, die Agrarwirtschaft und natürlich die Liebe.

Einem König wurde in Delphi geweissagt: ›Wenn du in den Krieg ziehst, wird ein großes Reich zerstört werden.‹ Leider zog er in den Krieg, und es war sein eigenes Reich, das dadurch zerstört wurde.

Zukunftsschau

Ein weiteres, wichtiges Gebiet im Bereich des Hexenwissens ist das Wahrsagen, der Blick in die Zukunft. Wie die Zukunft, die persönliche genauso wie die allgemeine, aussieht, hat die Menschen schon immer brennend interessiert. Wer kennt nicht das berühmte Orakel von Delphi. Die Aussagen der weissagenden Priesterin, der Pythia, waren jedoch oft etwas zweideutig, so dass das Schicksal, das mit der Orakelbefragung abgewendet werden sollte, gerade deshalb doch eintraf. Zukunftsaussagen können jedoch auch relativ exakt und unzweideutig getroffen werden.

Seit langem gilt die Kristallkugel als klassisches Mittel der Zukunftsschau. Viele Menschen suchen so bei Magiekundigen Rat und Hilfe für die Zukunft.

Hilfsmittel zur Zukunftsschau

Ein Weg ist beispielsweise das Kartenlegen, das Vorhersagen mit einer Kugel, einem magischen Spiegel oder das Kaffeesatzlesen. Bei all diesen Methoden handelt es sich um das Sehen mittels Bildern. Durch Schulung der Intuition können diese Bilder in konkrete Aussagen über das künftige Geschehen umgesetzt werden.

Es gibt magische Übungen, die äußerst eindrucksvoll sind, wie etwa das ›Tischrücken‹. Solche Praktiken haben aber nichts mit wirklichem magischen Können zu tun.

Trance

Eine weitere Art der Voraussage stellt die Trancearbeit dar. Dabei kommt das intuitive Wissen entweder durch künstliche oder durch natürliche, bewusst herbeigeführte Trance an die Oberfläche. Denn in jedem Menschen liegt das Wissen über die zukünftigen Ereignisse. Auch das Träumen ist eine Art Trancezustand. Daher kommt es in Träumen oft zur symbolhaften Darstellung zukünftiger Ereignisse. Besonders häufig sind es die einschneidenden Momente im Leben, vor denen auf diese Art und Weise gewarnt bzw. auf die aufmerksam gemacht wird.

Magische Fähigkeiten

Jedem Menschen, der sich um das Hexenwissen bemüht, steht es auch zur Verfügung. Jeder hat diese Kenntnisse und Fähigkeiten in sich, es bedarf nur des Interesses und des Willens, die alten Erinnerungen wieder wachzurufen. Aber es reicht nicht, dieses alte Wissen wieder für sich zu entdecken, denn erst dann fängt die harte Schule richtig an.

Wer mit Magie arbeiten will, hat immer die Wahl, sie für gute oder für schädigende Zwecke einzusetzen. Daher wird bei der Initiation, die man mit einer Abschlussprüfung gleichsetzen könnte, genau geprüft, ob die Initiantin oder der Initiant mit innerer Ausgeglichenheit, Objektivität und entsprechendem Verantwortungsgefühl für die Folgen ihrer oder seiner Arbeit ausgestattet ist. Diese Kriterien hören sich einfacher an, als sie sind. Es gehören eine enorme Portion Selbstkritik, Arbeit an der eigenen Persönlichkeit und ein gesundes Gerechtigkeitsempfinden dazu, um die Ausbildung erfolgreich abzuschließen.

Magie erfordert Reife

Aus den oben genannten Gründen ist es auch nicht ratsam, dass Menschen unter 21 Jahren initiiert werden. Die persönliche Entwicklung ist vor dieser Altersstufe einfach noch nicht abgeschlossen. Jugendliche, die sich für Magie interessieren, sollten nicht gleich anfangen herumzuexperimentieren, sondern sie sollten sich zunächst anhand der existierenden Literatur zum Thema informieren.

Hexengeschichte

Hexen gibt es nicht erst seit dem finsteren Mittelalter. Aus dieser Zeit stammen nur die Grauen erregenden Märchen über böse Frauen, die nichts Besseres zu tun haben, als mit Magie anderen Menschen zu schaden. Der Begriff »Hexe« bedeutete ursprünglich »die auf der Hecke sitzt«. Die Hexe, auf der Hecke zwischen den Welten sitzend, ist mit einer Hälfte in dieser Realität, mit der anderen Hälfte in der jenseitigen Welt. So ist sie Mittlerin zwischen den beiden Welten, der für uns sichtbaren und der unsichtbaren. Das englische Wort für Hexe, »witch«, zeigt uns durch seinen Wortstamm, worauf es wirklich ankommt: Die Wörter »wit« (Witz) und »wisdom« (Weisheit) haben den gleichen Ursprung.

> **Märchen wurden immer von Männern niedergeschrieben. War es ihre Angst vor dem Wissen der weisen Frauen, die sie dazu verleitete, sie als böse Hexen darzustellen?**

Die weise Frau

Andere, ältere Begriffe für Hexe sind die Bezeichnungen »Kräuterfrau«, »weise Frau«, »Priesterin« oder »Schamanin«. In allen Zeiten und Kulturkreisen gab es heil- und magiekundige Frauen. Blicken wir zurück in die Steinzeit: Die Arbeitsteilung war klar, die Männer jagten, die Frauen sammelten Wurzeln, Früchte und Kräuter. Durch diese Tätigkeit erlangten Frauen das Wissen um die Wirkungskraft von Pflanzen, die sie auf die vielfältigsten Arten einzusetzen wussten.

Weibliche Fruchtbarkeit

Die Frau galt als die Schöpferin neuen Lebens, denn es war damals noch nicht bekannt, dass der Mann am Zeugungsakt wirklich beteiligt ist. Schöpfung und Gebären sind also eine weibliche Urerfah-

rung. Deshalb trug die Frau auch die Verantwortung für alles Unerklärliche, für alles Mystische. Sie war selbst ein Mysterium. Durch den Gleichklang des weiblichen Zyklus mit den Mondphasen stellten Frauen einen Zusammenhang zwischen dem Geschehen am Himmel, dem Wechsel der Jahreszeiten und dem Leben der Menschen her.

Fruchtbarkeitsrituale

Die Erfahrung der weiblichen Fruchtbarkeit wurde später, als die Menschen begannen, Ackerbau zu betreiben, auch auf die Fruchtbarkeit der Erde übertragen. Um ein günstiges Wachstum der Saat zu gewährleisten, fand zum ersten Frühlingsvollmond (hauptsächlich in Europa) die heilige Hochzeit, eine rituelle Vereinigung auf den Feldern, statt. Nach neuesten wissenschaftlichen Erkenntnissen reagieren Pflanzen tatsächlich intensiv auf sexuelle Energie.

Die Monogamie entstand erst, als das Matriarchat vom Patriarchat abgelöst wurde. Das Ausbrechen aus dieser Tradition wird bis heute zumeist nur bei Männern toleriert.

Unterdrückung weiblicher Intuition

Später wurde dieses weibliche Wissen immer selektiver weitergegeben. Diese Zeit begann während der zunehmenden Sesshaftigkeit der Menschen.
Ausschlaggebend für diese Entwicklung war die zunehmende Herrschsucht der Männer, die sich unterprivilegiert fühlten. Sie hatten mittlerweile erkannt, dass sie auch ihren Teil zum Entstehen neuen Lebens beitragen. Zudem waren sie (typisch Mann!) bestrebt, in Form von Ackerland und Nutztieren Reichtum anzuhäufen. Da sie diesen Reichtum aber nicht mit ins Grab nehmen konnten, wollten sie sicherstellen, ihr Werk auch an ihre eigenen Nachkommen vererben zu können. Dazu musste die Frau monogamisiert und unterdrückt werden. Also versuchten sie auch, die Mysterien und die Magie für sich zu beanspruchen. Wie wir heute anhand der geschichtlichen Entwicklung sehen, ist ihnen das auch weitgehend gut gelungen. Während dieser Zeit zogen sich die Frauen, die das alte Wissen bewahrten und praktizierten, in die Tempel der Göttinnen zurück. Die Magie gehörte dadurch zwar nach wie vor zum alltäglichen Leben, aber sie wurde nicht mehr von allen Frauen praktiziert. Wer Hilfe oder Ratschläge brauchte, ging in einen Tempel zu einer Priesterin und beanspruchte ihre Dienste.

Hexen sind weise, heilkundige und meistens sehr lebenslustige Frauen. Oft können sie das Wissen eines langen Lebens weitergeben.

Hexenverfolgung

Das beste Beispiel für den männlichen Machtmissbrauch der Magie und für die Angst der Männer vor der weiblichen natürlichen Intuition ist nach wie vor die Hexenverfolgung seit Beginn der Neuzeit. Weil die Frauen trotz allgemeiner Christianisierung auch nach mehreren Jahrhunderten immer noch an ihren alten Göttinnen festhielten, gestattete die christliche Kirche widerwillig die Verehrung der »Mutter Gottes«, Maria. Aber auch dieses Zugeständnis konnte nicht verhindern, dass die Göttinnen in den Frauen, vor allem in den Hexen, weiter lebendig blieben. Die magie- und heilkundigen Frauen waren der neu aufkommenden männlichen Ärzteschaft ein Dorn im Auge, denn sie bildeten eine unerwünschte Konkurrenz. Zudem war die Diffamierung dieser Frauen als böse Hexen ein willkommener Vorwand, um bei missglückten Heilungsversuchen alle Schuld auf sie zu schieben. Die Hexenverfolgung hatte also neben dem Religionskonflikt auch noch eine ganz materielle Seite. Beispielsweise wurden unter dem Etikett der »Hexerei« ganze Familien verbrannt, auch kleine Kinder, damit die Kirche das Erbe kassieren konnte. Diese Tatsachen werden in den Büchern über die Hexenverfolgung so gut wie nie angeführt, sie sind aber anhand alter Texte belegbar. Aber die Tradition, die Mysterien zu pflegen, die Göttinnen zu ehren und die eigene Intuition zu bewahren, ist trotzdem bis heute nicht verloren gegangen. Jetzt, zu Beginn des Wassermannzeitalters, erwachen sie wieder neu und gewinnen an Raum.

Maria symbolisiert sogar in der Bibel die dreifache Göttin; schließlich lagen drei Marien vor Jesu Kreuz: die Jungfrau, die Mutter und die alte Frau.

Hexen heute

Die Hexenverfolgung in finsteren Zeiten hat bis heute ihre Auswirkungen auf das volkstümliche Bild, das über Hexen verbreitet ist. Die Vorstellungen von Tier- und sogar Menschenopfern, von übelsten Verwünschungen und Frauen mit stechenden Augen sind nach wie vor präsent. Jedesmal, wenn ich mich als »Hexe« vorstelle, muss ich dazu eine lange, ausführliche Erklärung abgeben: »Ja, ich arbeite mit Magie«, »Nein, ich praktiziere keine Teufelsrituale« usw. Immer wieder begegne ich haarsträubenden Ansichten. Daher ist es nun endlich an der Zeit, mit derartigen Vorurteilen grundsätzlich aufzuräumen.

Es wird höchste Zeit, mit sämtlichen Vorurteilen und üblen Nachreden über Hexen aufzuräumen. Das Bild der Hexe muss von Grund auf neu aufgebaut werden.

Die moderne Hexe

Erfahrungsgemäß hilft es nicht, den Begriff »Hexe« gegen »weise Frau« auszutauschen. Die Verwirrung ist fast die gleiche. Beide Begriffe stehen für Frauen, die mit Magie arbeiten und diese dazu verwenden, anderen Menschen in Problemsituationen zu helfen. Eigentlich könnte man die »Hexe« in vielen Fällen auch mit der Diplompsychologin gleichsetzen. Zwar sind die Ansätze verschieden, aber die Behandlungsmethoden sind teilweise identisch. Neben der magischen Arbeit, in der man mit Ritualen den Problemen zu Leibe rückt, gehören eine ganze Menge Einfühlungsvermögen und Hilfe zur Selbsthilfe zum Beratungskonzept. Viele Menschen neigen dazu, wenn sie sich einmal einer Hexe anvertraut haben, ihr ganzes Leben, jede Entscheidung von ihrem Urteil abhängig zu machen. In diesem Moment bestimmen diese Menschen nicht mehr selbst über ihr Leben, sondern geben die Verantwortung dafür an die Hexe ab. Eine solche Konstellation ist aber grundsätzlich extrem schädlich. Im Gegenteil, als Hexe möchte man zwar den Menschen helfen, aber ihnen auf keinen Fall die Verantwortung für ihr Leben abnehmen. Jeder hat die Verantwortung für sich selbst zu tragen. Es ist zwar in Ordnung, sich bei Problemen helfen zu lassen, aber es ist nicht in Ordnung, jede Entscheidung über das eigene Leben an andere abzugeben. Selbst ein Schutzengel darf zwar seinen Schützling an die Hand nehmen und führen, er darf auch Steine aus dem Weg räumen, aber er darf ihn nicht über den Weg tragen. Seinen Weg gehen muss jeder Mensch selbst.

Wie Magie wirkt

Zunächst möchte ich zur Wirkung der Magie die Definition anführen, die mir die wichtigste ist: »Magie ist, durch den Geist glaubhaft zu erleben und durch die Kraft des Glaubens zu leben. Darum wirkt allein durch den Glauben die Magie. Sie wirkt weder durch Spaß noch durch Tollerei, sie wirkt weder durch Macht noch durch Besitzdenken. Sie wirkt durch den Glauben an die Unantastbarkeit der Liebe, beginnend in uns selbst. Aber wer kennt schon die Liebe, wenn er fähig ist, unnötig ein Lebewesen zu töten. Wer kennt schon die Liebe, wenn er nicht den Rhythmus des Lebens und der Natur kennt. Deshalb gehe und lerne erst die Liebe kennen, bevor du glaubst und mit Magie arbeitest. Und erst, wenn du glaubst, verbreite den Samen der Liebe, und dann darfst du das Erbe der Magie antreten.«

Bei den alten Griechen hießen Menschen, die mit Magie arbeiteten, ›philosophoi‹. Die direkte Verbindung zur Philosophie ist also nicht zu leugnen.

Herkunft des Wortes »Magie«

Das Wort »Magie« entstammt aller Wahrscheinlichkeit nach dem Persischen. Im alten Persien wurden die heilkundigen Priester »magi« genannt. Die Kunst der Magie selbst ist jedoch wesentlich älter, sie gehört eigentlich zu den ersten Fähigkeiten, die den Menschen zuteil wurden. Sie wurde als Kommunikation mit der Natur und dem Kosmos betrachtet. Heute wird Magie gerne für Produktmarketing, für Produktnamen entfremdet. Das uns allen bekannte Suppengewürz »Maggi« beispielsweise wird unbewusst mit Magie assoziiert und macht regelrecht süchtig. In diesem Zusammenhang sei auch erwähnt, dass der Schokoriegel »Mars« seinen Namen deshalb hat, weil der Planet Mars in der Astrologie und in der Magie die Feuerenergie symbolisiert, also reinste Power bezeichnet.

Magische Ideen

Bild links:
Die Energien des Kosmos spielen in der langen Geschichte der Magie eine große Rolle.

Erklärungsversuche, wie und warum Magie wirkt, gibt es viele. Besonders die großen Philosophen der Weltgeschichte haben sich ausgiebig mit diesem Thema beschäftigt. Platon z. B. prägte den Begriff der Ideenwelt. Alles, was wir als Materie wahrnehmen,

musste vorher in dieser Ideenwelt existieren. Bevor Sie einen schönen Tisch oder ein Schmuckstück herstellen, müssen Sie sich ja auch erst genau vorstellen können, wie das Werk aussehen soll. Erst dann kann diese Idee realisiert werden. Mit diesem Ursprungsgedanken arbeitet auch die Magie. Um hier auf der Erde einen Wunsch zu materialisieren, müssen wir ihn erst imaginieren und ihn uns in allen Facetten genau vorstellen.

Ein schönes Beispiel, um die Existenz von Welten zu erklären, die wir zwar nicht sehen, die aber dennoch da sind, ist Platons ›Höhlengleichnis‹.

Magische Naturkräfte

Hinzu kommt, dass in der Magie auch davon ausgegangen wird, dass die Naturkräfte und die Energien des Kosmos, speziell der Planeten, die dieses Sonnensystem mit uns teilen, Einfluss auf unser Leben, auf unsere Gedanken, unsere Gefühle und auf unseren Körper haben. Deshalb ist es wichtig, bei magischen Ritualen alle Aspekte der Gedankenwelt, der Natur und der Gesetze des Kosmos zu berücksichtigen, um ein optimales Ergebnis zu erzielen. Dazu gehören beispielsweise der richtige Ritualzeitpunkt, das richtige magische Zubehör, um die entsprechenden kosmischen, göttlichen Kräfte anzusprechen, und vor allem ein starker Wille sowie die Fähigkeit, sich das Wunschziel genau vorzustellen.

Um auch die Kräfte unserer irdischen Natur anzusprechen und um Hilfe zu bitten, ist es sinnvoll, Rituale im Freien, möglichst an einem

Überall auf der Welt findet man steinerne Zeugnisse der Magie, wie auch Stonehenge in Wiltshire.

Kraftplatz, abzuhalten, so wie es vor uns schon die Druiden oder Priester und Priesterinnen der Göttin Diana taten. Wir haben dann die Möglichkeit, Bäumen und Steinen zuzuhören. Bäume geben uns ihre Stärke und ihren Schutz, Steine erzählen uns von ihren Erfahrungen, geben Ratschläge und ihre heilenden Energien weiter.

Magie im Abendland

Bei den Vorstellungen von Magie möchte ich mich vor allem auf die alten magischen Künste unserer Kultur konzentrieren, besonders auf die Überlieferungen aus der keltischen Mythologie. Hier kommt den Steinen besondere Bedeutung zu. Denken wir nur an die riesigen Steinmonumente, die Menhire und Dolmen, die in ganz Europa zu finden sind. Wir begegnen ihnen in Frankreich, Großbritannien – etwa in Stonehenge –, in Irland und in Deutschland. An solchen Orten wurden von Wissenschaftlern veränderte elektromagnetische Felder gemessen, sie sind wie Inseln, die nicht zu dieser Welt gehören. Der Kontakt zur »anderen« Welt ist hier besonders leicht möglich und auch für Menschen, deren spirituelle Sinne noch nicht voll ausgebildet sind, ein ergreifendes und formendes Erlebnis.

Heute ist die keltische Mythologie hauptsächlich durch die Wiederbelebung der alten Geschichten um Merlin, den Zauberer, wieder populär geworden.

Ein magisches Gesetz

»Wie oben, so unten«, lautet ein universelles Gesetz der Magie. Alles, was passiert, hat seine Auswirkungen, alles auf dieser Erde steht miteinander in Verbindung und bedingt sich gegenseitig. Was hier auf der Erde geschieht, hat eine Parallele in der ätherischen Welt und umgekehrt. Wenn uns das bewusst ist, können wir anfangen, verantwortungsbewusst zu handeln, vor allem in der Magie.

Verantwortung in der Magie

Magie, egal, ob gut oder schlecht ausgeübt, zeigt immer eine Wirkung. Das Ziel jeden Rituals, jeder magischen Handlung ist es, etwas Bestimmtes zu erreichen, sei es eine bessere Gesundheit, spirituelles Wachstum, beruflichen Erfolg oder Liebe. Denken Sie immer daran, dass Sie nur Positives für sich und andere erreichen wollen, sonst betreiben Sie schädliche schwarze Magie.

Nicht erfüllte Wünsche

Der Normalfall ist, dass mit Hilfe der Magie das gewünschte Ergebnis auch erreicht wird. Sollte aber irgendetwas nicht so funktionieren, wie Sie es sich vorgestellt haben, was ist dann passiert? Die erste Möglichkeit ist, dass Sie das Ritual nicht mit festem Glauben durchgeführt haben. Erstes Gebot bei magischen Handlungen sind eiserne Disziplin und fester Wille. Prüfen Sie noch einmal, ob Sie richtig vorgegangen sind und Ihr Glaube an das Ziel stark genug ist.

Magie vollbringt keine Wunder

Alles Große dieser Welt wurde vor allem durch starken Willen geschaffen. Anfängliche Fehlschläge dürfen einen dabei nicht vom Ziel abbringen.

Die zweite Möglichkeit, warum die gewünschte Wirkung nicht einsetzt, könnte sein, dass Sie sich etwas wünschen, was selbst mit Magie nicht erreichbar ist. Wenn Sie beispielsweise ein Liebesritual durchführen, um einen berühmten Schauspieler oder Musiker an sich zu binden, der nicht einmal von Ihrer Existenz weiß, oder wenn Sie ein Ritual durchführen, um im Lotto zu gewinnen, aber gar keinen Lottoschein ausgefüllt haben, sollten Sie sich nicht wundern. Magie vermag zwar einiges zu bewegen, aber Wunder bedürfen doch einer weitaus stärkeren Energie. Versuchen Sie es erst einmal mit erreichbaren Zielen, indem Sie etwa ein allgemeines Liebesritual durchführen, um die große Liebe zu finden. Beschreiben Sie einfach, wie Ihr Traumpartner sein sollte, geben Sie aber keinen Namen an. Oder, was das Lottoritual betrifft, füllen Sie doch dazu einen Lottoschein aus!

Niemandem schaden

Die dritte Möglichkeit des Misslingens ist allerdings die schlimmste. Ein Leitsatz in der Magie lautet: »Tue, was du willst, aber schade niemandem.« Wenn diese Regel missachtet wird, können sich ungeahnte Folgen einstellen. Um ein paar Beispiele zu nennen: Sie führen ein Liebesritual durch, um einen Partner zu bekommen, der seinerseits in einer glücklichen Beziehung mit einer anderen Person lebt. Sie zerstören oder stören dadurch diese Beziehung und fügen anderen Menschen Leid zu. Oder Sie wünschen sich mehr beruflichen Erfolg und versuchen ihn zu erreichen, indem Sie ein Ritual durchführen, um Ihren größten Konkurrenten auszuschalten.

In beiden Fällen könnten Sie zwar durchaus Erfolg mit Ihren Machenschaften haben, aber seien Sie versichert, die Retourkutsche kommt garantiert. Kein Mensch auf dieser Welt kann anderen Böses zufügen, ohne entweder in diesem Leben oder in einem der nächsten das Übel fünf- bis zehnfach zurückzubekommen. Meist folgt die Sanktion des Kosmos auf dem Fuße. Deshalb ist es unbedingt zu empfehlen, rechtzeitig nachzudenken, ob man mit einem Ritual wirklich nur Gutes bewirken wird oder ob ein Schaden in irgendeiner Form entstehen könnte.

Vorsicht! Ein Ritual, das mit großen negativen Emotionen durchgeführt wird, kann sehr schnell das Gegenteil dessen bewirken, was erreicht werden soll.

Weiße und schwarze Magie

Nun sind wir beim eigentlichen Thema dieses Kapitels angelangt, der Verantwortung in der Magie. Der Übergang zwischen so genannter weißer und schwarzer Magie ist fließend. Jedes erdenkliche Ritual kann sowohl zu guten wie zu schlechten Zwecken ausgeführt werden, das liegt immer im Ermessen des Ausführenden. Genauso, wie sich jedes Liebespaar darüber im Klaren sein muss, welche Verantwortung es übernimmt, wenn es ein Kind zeugt, muss auch jeder magisch arbeitende Mensch vor der eigentlichen Durchführung ritueller Praktiken wissen, auf was er sich da einlässt. Nicht nur, dass entstehender Schaden auf den Ausführenden selbst zurückfällt, es ist schon schlimm genug, überhaupt in Erwägung zu ziehen, negative Energien und Ergebnisse zu provozieren.

Schadenszauber

Daher ist eine Grundvoraussetzung für magisches Arbeiten ein gesundes Verantwortungsgefühl. Gehen Sie immer mit einer inneren Ausgeglichenheit ans Werk, versuchen Sie, sich selbst, Ihre Motivation und die Auswirkungen möglichst objektiv zu betrachten. Gehen Sie niemals mit Hass- oder Wutgefühlen in ein Ritual. Notfalls, wenn Sie sich wirklich betrogen und hintergangen fühlen und diese Gefühle nicht mehr in den Griff bekommen, warten Sie mit dem Ritual, bis es Ihnen besser geht. Es gibt auch kleine Meditationsrituale, die bewirken, dass sich das innere Gleichgewicht wieder einstellt. Die Verantwortung in der Magie besteht also darin, die Wirkung eines Rituals vorher genau abzuwägen und es immer mit Liebe im Herzen und mit den besten Absichten auszuführen.

Magie im Alltag

Jeder Mensch hat im Alltag seine eigenen Rituale. Etwa die Angewohnheit, wenn zwei Personen im gleichen Moment das Gleiche sagen, auf Holz zu klopfen. Einen Schornsteinfeger zu berühren bringt Glück für das ganze Jahr, und wenn man ein Hufeisen findet, muss es unbedingt über der Tür mit dem Bogen nach unten aufgehängt werden, damit das Glück nicht herausfällt. Magie im Alltag bedeutet im Großen und Ganzen, mit Hilfe der Natur und des uns gegebenen Wissens den Alltag bewusst und positiv zu gestalten. Versuchen wir doch, in dieser teilweise recht unwirtlichen Welt, die gekennzeichnet ist von Kriegen, Hass und Konkurrenzkampf unter den Menschen, wenigstens in unserer unmittelbaren Umgebung für etwas mehr Liebe und Harmonie zu sorgen.

Wenn jemand neu in ein Haus einzieht, ist es Brauch, Brot und Salz zu schenken. Das fördert Glück und Wohlstand im neuen Heim.

Magie ist liebevolle Tätigkeit

Magie ist positiver Energieaustausch durch Liebe und Stärke. Wir können mit dieser magischen Energie auch ganz gewöhnliche Handlungen im Alltag unterstützen und sie damit zu einer magischen Tätigkeit machen. Die vielen Aufgaben im Haushalt, beispielsweise putzen, waschen, kochen, können durch den Einsatz positiver Energien und Wünsche zu einem magischen Akt werden.

Mit Liebe kochen

Ein Beispiel aus der Küche soll Ihnen verdeutlichen, wie leicht es ist, Magie im Alltag zu praktizieren. Wenn Sie sich selbst beim Kochen beobachten, werden Sie feststellen, dass Sie immer rechtsherum rühren. Allein damit rühren Sie schon Ihre Gedanken und Gefühle mit in das Essen. Und genauso schmeckt es nachher auch. Wenn Sie mit Wut und Ärger gekocht haben, wird es selbst bei sorgfältiger Zubereitung kaum jemandem schmecken, aber selbst der misslungene Auflauf, mit Liebe und mit Freude gekocht, wird förmlich verschlungen. Kochen Sie also immer mit positiven Gefühlen und mit Liebe, das Ergebnis ist einfach besser.

Bild links:
Gerade im Alltag gibt es zahlreiche Möglichkeiten, magische Rituale wirksam einzusetzen – sei es beim Kochen, Putzen oder der Gestaltung des eigenen Reiches.

Mit Basilikum putzen

Beim Putzen ist es gut, ein wenig Basilikumsud ins Putzwasser zu geben; es reinigt und befreit von schlechten Energien. Den Basilikumsud stellen Sie her, indem Sie ca. zwei Esslöffel getrockneten Basilikum in einem halben Liter Wasser aufkochen, fünf Minuten kochen lassen und dann durch ein Sieb ins Putzwasser abgießen.

Die richtige Farbwahl

Farben und Düfte beeinflussen unser Unterbewusstsein und sind oft für Wohlbefinden oder Unbehagen verantwortlich.

Sie können wichtige Anliegen, wie beispielsweise ein Bewerbungsgespräch, einen Besuch bei der Bank oder ein erstes Rendezvous, durch die Wahl der Farbe Ihrer Kleidung positiv beeinflussen.

- Die Farbe Blau ist die Erfolgsfarbe, unterstützt Sie also bei wichtigen Geschäftsverhandlungen oder bei heißen Diskussionen. Wenn Sie viel und gut sprechen müssen, drapieren Sie ein weißes Tuch um Ihren Hals; das öffnet die Stimmbänder.
- Rot ist natürlich die Farbe der Liebe und Erotik. Nichts eignet sich daher besser für ein Abendessen zu zweit oder die Partnersuche in der Disco. Kombinieren Sie Rot aber immer mit etwas Schwarzem, damit Sie sich auch vor allzu heftigen Übergriffen des anderen Geschlechts schützen können.
- Für den Kreditantrag bei der Bank eignet sich Grün am besten. Grün ist die Farbe der Materie und des Reichtums.
- Für Trennungsgespräche, egal, ob es sich um die Trennung vom Partner oder um die Kündigung des Arbeitsverhältnisses handelt, empfiehlt sich eine Kombination aus Braun und Rosa. Braun symbolisiert den Abschluss einer Angelegenheit, und Rosa steht für Freundschaft, so dass beide Farben zusammen ein Ende in Frieden und mit positiven Gefühlen erleichtern.

Duftöle

Um die Atmosphäre und Ihre Stimmung zu harmonisieren und zu unterstützen, sind ätherische Öle hilfreich. Die Anwendung ist denkbar einfach. Sie geben jeweils ein paar Tropfen des passenden Öles in eine mit Wasser gefüllte Duftlampe und zünden das Teelicht unter dem Wasserbehälter an. Durch die Flamme wird das Wasser mit dem Öl erhitzt, und die ätherischen Duftstoffe füllen den Raum.

◎ Vanille wirkt entspannend und wohltuend. Ein Wohnzimmer mit Vanilleduft lässt den rauen, kalten Winter draußen völlig vergessen, verbreitet wohlige Wärme und lädt jeden Gast zum Verweilen ein.
◎ Wenn Sie sich stark konzentrieren müssen, helfen ein paar Tropfen Bergamotteöl.
◎ Für eine liebevolle und erotisch knisternde Stimmung geben Sie eine Kombination aus Rosenöl und Angelikawurzel in die Duftlampe.
◎ Eisenkraut- oder Weihrauchöl weckt Ihre spirituellen und intuitiven Kräfte, verhilft Ihrem Geist zu absoluter Hochform und ermöglicht ihm den Sprung in neue Dimensionen.

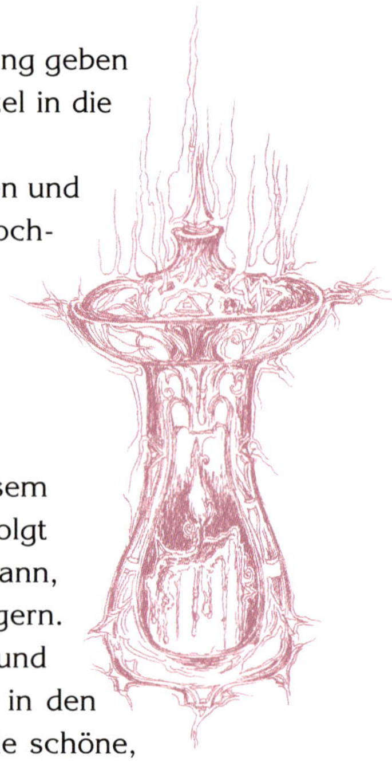

Visualisierungsübungen

Da Sie bei den magischen Ritualen, die Sie in diesem Buch finden, mit Visualisierungen arbeiten werden, folgt hier eine Meditationsübung, die Ihnen dabei helfen kann, die Fähigkeit zur Visualisierung zu pflegen und zu steigern.
◎ Setzen Sie sich in bequemer Kleidung gemütlich und locker auf einen Stuhl. Achten Sie darauf, dass Sie in den nächsten 20 Minuten nicht gestört werden. Legen Sie schöne, entspannende Musik auf.
◎ Beginnen Sie die Übung zunächst mit einem einfachen Bild, etwa mit dem Foto einer Landschaft mit einem Haus. Schauen Sie sich das Foto genau an. Schließen Sie die Augen, und versuchen Sie, dieses Bild vor Ihrem geistigen Auge in all seinen Details zu sehen. Achten Sie auf jede Kleinigkeit. Welche Farbe haben die Bäume? Sind es Nadel- oder Laubbäume? Welche Jahreszeit herrscht? Hat das Haus einen Schornstein? Welche Farbe haben die Fensterläden? Gibt es Menschen?
◎ Wenn Sie das Bild genau vor sich sehen, beginnen Sie, es zu beleben. Welche Düfte riechen Sie, wenn Sie mitten in diesem Bild sind, welche Geräusche hören Sie, weht ein Wind? Gibt es Tiere, die Geräusche machen, oder spielen vielleicht Kinder im Garten? Hängt frisch gewaschene Wäsche auf der Leine? Schritt für Schritt wird das Bild immer realer, Ihre Vorstellungskraft immer besser. Je exakter Ihre Visualisationskraft arbeitet, desto mehr setzen Sie damit Ihre Vorstellungen in die Realität um.

Magie im Alltag bedeutet einfach, mit dem Leben und mit dem Umfeld bewusster und wissender umzugehen.

Die Hexenküche 

Schauen wir einmal, was sich in einer schönen, alten Hexenküche so alles befindet. Den Mittelpunkt bildet natürlich eine große offene Feuerstelle, über der immer ein gusseiserner Kessel hängt. Nun ja, die offene Feuerstelle lässt sich heutzutage in den meisten Küchen leider nicht mehr verwirklichen, aber der gusseiserne Kessel sollte unbedingt vorhanden sein. Statt der Feuerstelle eignet sich auch ein ganz normaler Herd, am besten ein Gasherd mit einem guten Backofen, der auch zum Trocknen von Pflanzen dient. Weiterhin stehen in der Hexenküche ein Tisch mit einer Räucherschale und bequeme Stühle.
In einem offenen Regal oder einem Küchenschrank bewahren wir folgendes Zubehör auf: leere Tongefäße, Tiegel, schöne Flaschen und Fläschchen für Kräutermischungen, Tinkturen oder Parfüms, einen dicken Mörser, Stoffreste aus Baumwolle, Seidentücher, wasserfeste Farben für kreative Gestaltung, Einmalspritzen und hölzerne Kochlöffel. In einer Ecke steht ein alter Reisigbesen, mit dem man die Küche von Zeit zu Zeit symbolisch von schlechten Energien reinigt. Um gleich in der Küche aus den Baumwollstoffen Säckchen und Püppchen zu nähen, kann auch eine Nähmaschine aufgestellt werden. An einem dunklen, trockenen Ort, am besten in einer angrenzenden Speisekammer, werden getrocknete Kräuter und Gewürze in Tongefäßen und Tiegeln aufbewahrt, kaltgepresste Öle wie Avocadoöl und Jojobaöl; eine Auswahl an ätherischen Ölen und Lanolinfett dürfen nicht fehlen. Farbige Kerzen, möglichst ganz durchgefärbt, finden wir dort natürlich auch. Sie können die Kerzen auch selbst herstellen. Das sollte mit Vorsicht geschehen, denn es besteht dabei Brandgefahr.

In der Räucherschale räuchern Sie von Zeit zu Zeit eine Räuchermischung, um eine anregende, eine entspannende oder eine reinigende Atmosphäre zu erzeugen.

Warnung für Allergiker

Noch ein wichtiger Hinweis für Allergiker: Es gibt zahlreiche Pflanzenstoffe, die Allergien auslösen können. Wenn Sie grundsätzlich zu allergischen Reaktionen neigen, arbeiten Sie in Ihrer Hexenküche immer vorsichtshalber mit einem Mundschutz.

Bild links:
Ein Gebiet, auf dem Sie mit den richtigen Zutaten, einem Ritual und mit Magie viel Gutes bewirken können, ist die Küche.

Kräuter und Gewürze in der Hexenküche

Neben all diesen Gerätschaften sollte eine Hexenküche bestimmte Kräuter und Gewürze unbedingt enthalten, nicht nur zum Würzen von Speisen, sondern auch für magische Rituale und Rezepte. Hier möchte ich nun eine kleine Auswahl an sehr wichtigen magischen Pflanzen erklären.

Anis wirkt beruhigend auf den Magen und auf die Bronchien. Als Räucherung eignet er sich ausgezeichnet gegen Wut und Ärger.

Basilikum ist nicht nur ein sehr aromatisches Gewürz, es wirkt auch hervorragend zur Vertreibung von schlechten Energien. Zu diesem Zweck wird es hauptsächlich als aufgebrühter Sud im Putzwasser verwendet (siehe Seite 24) oder als magisches Öl auf die Haut aufgetragen.

Beifuß ist ein bewährtes Mittel gegen negative Einflüsse von außen. Am besten räuchert man getrockneten Beifuß. Auch als Kräutersäckchen bei sich getragen, schützt er vor negativen Schwingungen und Boshaftigkeiten anderer Menschen. Beifuß gilt als menstruationsfördernd und hilft bei der Geburt. Früher hatten Gebärende daher immer ein Büschel Beifuß in der Hand.

Als typische Hexenpflanze gilt die Alraunwurzel. Von ihrer Anwendung ist man mittlerweile abgekommen, da diese Pflanze nur noch sehr selten vorkommt und unter Naturschutz steht.

Bilsenkraut sollte auf keinen Fall eingenommen werden. Als Räucherung kann es zu Ekstase führen und zukunftsweisende Träume ermöglichen. Auch die weissagenden Priesterinnen in Delphi sollen über einer Räucherung aus Bilsenkraut gesessen haben.

Eberesche, vor der Haustüre gepflanzt, wehrt schlechte Träume ab und beschützt die Haustiere.

Eisenkraut ist das heilige Kraut der Antike. Schon bei den Ägyptern wurde es als geheime, wirksamste Pflanze der Magie angesehen. Es war der Göttin Isis geweiht. Eigentlich gibt es nichts, wogegen es nicht hilft. Es kann sowohl zur Intensivierung von Liebesgefühlen, für Reichtum, für Gesundheit und vor allem zur Förderung der Intuition eingesetzt werden. Wahlweise wird das getrocknete Kraut in einem Kräutersäckchen mitgeführt, geräuchert oder als ätherisches Öl in der Duftlampe verdampft und in Parfüms gemischt.

Engelwurz hat ihren Namen von der Sage, dass Engel sie auf die Erde getragen haben. Engelwurz wird in einem Kräutersäckchen unter das Kopfkissen gelegt und begünstigt es, im Traum Kontakt

Es lohnt sich, sich mit den magischen und heilenden Wirkungen von Kräutern und Gewürzen vertraut zu machen. Ihre Einsatzmöglichkeiten sind nahezu unerschöpflich.

zum Schutzengel aufzunehmen oder prophetische Träume zu haben. Als Räucherung oder einfach in die Ecken gestreut, zieht Angelika Engelsenergien an. Das ätherische Öl der Engelwurz gilt auch als Aphrodisiakum, es hat nahezu die gleichen Bestandteile wie das tierische Moschusöl.

Farn pflanzte schon Hildegard von Bingen im Mittelalter rund um ihren Kräutergarten, um damit böse Geister und Dämonen fern zu halten. Farn ist eine absolute Glückspflanze. Sie soll zu Reichtum verhelfen und, beispielsweise über der Tür angebracht, allgemeines Wohlbefinden bewirken.

Geranie fördert die Kreativität und unterstützt liebevolle Gedanken. Als Balkon- oder Schnittblume verbreitet sie frisch ihren inspirierenden Duft, als ätherisches Öl wirkt sie in der Duftlampe.

Die Geranie hat eine ähnliche chemische Zusammensetzung wie die Rose. Daher finden wir sie auch häufig in Liebesduftmischungen.

Hanf kann man nicht nur, wie allgemein bekannt, verbotenerweise rauchen, Hanfsamen zum Räuchern sind frei käuflich und haben auch eine aufheiternde Wirkung. Er regt zu Liebesspielen und zu intuitiven Voraussagen an. Hanf gilt als die älteste Kulturpflanze der Welt. Anhand von Untersuchungen an ägyptischen Mumien fand man heraus, dass schon die Pharaonen dem Hanfgenuss in keiner Weise abgeneigt waren. Es gibt sogar noch ältere Dokumente über den Umgang mit Hanfpflanzen.

Iris wird für magische Zwecke hauptsächlich als Wurzel verwendet. Geräuchert oder als ätherisches Öl hilft sie, Blockaden abzu-

bauen und das innere Gleichgewicht zu stabilisieren. Sie wird auch gerne bei Liebesangelegenheiten eingesetzt, denn ihr betörender Duft macht die Männer absolut schwach. Einziger Nachteil: Iris ist leider sehr teuer!

Johanniskraut ist das Notfallkraut für alle Lebenslagen. Als Tee, als ätherisches Öl in der Duftlampe oder auch als Kapseln mit konzentrierten Wirkstoffen aus der Apotheke wirkt diese Pflanze in jedem Fall stimmungsaufhellend und antidepressiv. Es macht fröhlich und entspannt. Es ermöglicht uns, unsere Sorgen ruhiger anzugehen und die Sonne auch an Regentagen scheinen zu lassen. Gerade bei Liebeskummer ist es das beste Gegenmittel.

Ingwer unterstützt nicht nur das Immunsystem, sondern wirkt auch äußerst anregend auf den Blutkreislauf.

Kamille ist die Heilpflanze schlechthin. Egal, ob als Tee getrunken, die getrockneten Blüten geräuchert oder als ätherisches Öl, sie beruhigt nicht nur die inneren Organe, sondern auch das erhitzte Gemüt und wirkt wie Balsam für die Seele.

Kampfer in jeder Form erhöht den Herzschlag. Er erhellt die Sinne und schafft Klarheit. Man kann ihn räuchern, rauchen, Räume damit beduften oder ihn als Gewürz in Speisen reichen. Allerdings sollte man mit Kampfer immer etwas vorsichtig sein: Schon zwei Gramm davon haben eine äußerst starke Wirkung und rufen euphorische Gedanken hervor. Für eine anregende Wirkung in der Liebe ist Kampfer allerdings gar nicht geeignet, er bewirkt eher eine Lustzügelung.

Die Rose gilt als die wichtigste Liebespflanze, und wird bevorzugt in Badezusätzen verwendet.

Kardamom ist nicht nur ein wunderbares Gewürz für exotische Gerichte, er wirkt auch stimmungsaufhellend und entkrampfend.

Lorbeer ist die absolute Erfolgspflanze. Schon im alten Rom wurde sie erfolgreichen Feldherren als Siegeskranz überreicht. Lorbeer war die heilige Pflanze des Apollo, des Gottes des Lichtes, der Sonne und der Weissagung. Deshalb gilt die Räucherung von Lorbeer als gutes Mittel für exakte Voraussagen.

Mönchspfeffer enthält hormonähnliche Inhaltsstoffe und wird oft Frauen empfohlen, die schwanger werden möchten.

Myrrhe: In diesen Baum wurde der Sage nach eine Frau verwandelt, die von ihrem Vater ein Kind erwartete. Das Harz der Myrrhe sind ihre Tränen, die sie aus Reue vergoss. Myrrhe ist daher ein Räuchermittel, das reinigt, spirituelle Ebenen eröffnet und den Sinn für Schönheit und Liebe klärt.

Petersilie: Wenn Sie einen Mann verführen wollen, reichen Sie ihm vorher ein Essen mit viel Petersilie. Dieses so geläufige Küchenkraut ist extrem aphrodisierend, und kein Mann kann sich nach dem Genuss noch wirklich zurückhalten.

Rose ist die höchste Liebespflanze, die man sich vorstellen kann. Die Rose öffnet das Herz und lässt dadurch unendliche Liebe in jeder Beziehung, nicht nur auf das Sexuelle begrenzt, zu. Die Rose ist am wirksamsten als ätherisches Öl: In Badeöle, Bodylotions oder Parfüms gemischt, gibt es dem Menschen, der es trägt, eine unglaublich liebevolle Ausstrahlung.

Rosmarin: Sein Rauch vertreibt böse Geister, sein ätherisches Öl regt den Kreislauf an, macht frisch und vital. Es gilt als ein absolutes Verjüngungsmittel, da es alle Zellen des Körpers aktiviert und Falten beseitigt. Wo Rosmarin zu Hause ist, gibt es Feen und Kobolde. Hier fühlen sie sich richtig wohl und treiben ihr Spiel. Rosmarin belebt auf jeden Fall nicht nur den Kreislauf, sondern auch die häusliche Umgebung. Freunde kommen gerne, und die Atmosphäre ist herzlich.

Salbei: Das gern genutzte Küchenkraut ist auch von alters her als Heilpflanze bekannt. Er wirkt harn- und menstruationstreibend, gegen Magen- und Verdauungsprobleme und stärkt die Nerven. In der Magie gilt Salbei als Reinigungspflanze. Dazu wird getrockneter Salbei am besten geräuchert.

Sandelholz (weißes) ist pur zwar schwer zu bekommen, aber sein Duft ist einfach wundervoll. Die meisten Räucherstäbchen und Räucherkegel enthalten auch Sandelholz. Das reine Sandelholz wird

hauptsächlich eingesetzt im Yoga und im Tantra zur Anregung des Wurzelchakras. In seinem Ursprungsland Indien benutzt man Sandelholz zur Begleitung der Seele eines toten Menschen in den Himmel. Wenn ein Mann Sandelholzduft trägt, unterstützt das seine erotische Ausstrahlung.

- **Vanille**: Der wunderbare süße Duft der Vanilleschote oder des ätherischen Öls der Vanille gibt uns sofort ein Gefühl des Wohlbefindens. Vanille vermittelt das Gefühl von Geborgenheit und Zuhausesein. Sie fördert aber auch die Menstruation und die Blutzirkulation im Allgemeinen.
- **Wacholder** ist auf der ganzen nördlichen Erdhalbkugel zu Hause. Wohl wegen seiner Dornen gilt er überall als bestes und verbreitetstes Mittel, um wirkungsvoll Dämonen, Geister und Teufel zu vertreiben. Wacholderblätter kann man auch in frischem Zustand gut räuchern, der Duft ist außerordentlich aromatisch. Wacholder wird in der Heilkunde sehr vielfältig eingesetzt wegen seiner desinfizierenden Wirkung.
- **Weihrauch:** Das Harz des Weihrauchbaumes ist eines der beliebtesten Räuchermittel überhaupt. Er wird in verschiedenen Religionen bei rituellen Räucherungen verwendet. Es gibt ihn in unterschiedlichen Qualitäten und Preislagen. Der Rauch dieses würzigen Harzes stellt die Verbindung zwischen der materiellen und der geistigen Welt dar, er inspiriert, erhellt unsere Sinne, schützt und reinigt.

Schafgarbe wird nicht nur gegen Menstruationsbeschwerden eingesetzt, Schafgarbenstängel werden auch zur Weissagung benutzt.

Kräuter duften nicht nur gut, sondern können auch entspannend oder belebend wirken.

◎ **Wermut** ist nicht nur als Schnaps oder Likör sehr bekömmlich und verdauungsfördernd. Die Blätter, als Räucherung verwendet, regen an. Das ätherische Öl oder auch der ausgepresste Saft der Pflanze hat eine belebende Wirkung sowohl für Magen und Darm als auch für Inspiration und Sexualität.

◎ **Zedernholz** wird hauptsächlich zur Räucherung verwendet und bewirkt eine harmonische, klare und anregende Stimmung. Das Holz und das ätherische Öl des Baumes können auch sehr gut zur Mückenabwehr eingesetzt werden. Ein Stückchen Zedernholz im Kleiderschrank vertreibt die Motten.

◎ **Zimt** schmeckt nicht nur gut in Weihnachtsplätzchen oder Milchreis, er fördert auch die Meditation. Mit Hilfe dieses Gewürzes gelingt es sehr schnell, einen tranceähnlichen Zustand zu erreichen. Hellseherische Fähigkeiten werden durch Zimt sehr gut unterstützt. In manchen Kulturen wird er auch für Reinigungszeremonien verwendet und bei der Heilung von Rheumabeschwerden eingesetzt.

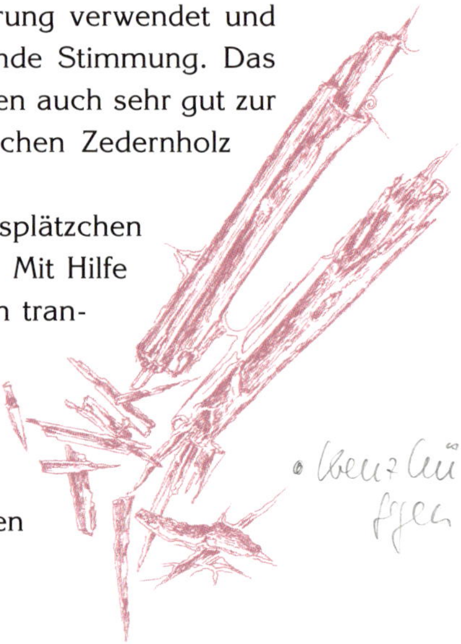

• Kreuzkümmel – gegen Mobbing

Magische Öle und Räucherwerk

Um unsere Hexenküche zu komplettieren, fehlt jetzt natürlich noch eine Auswahl an magischen Ölen und Räuchermischungen, deren wichtigste ich Ihnen hier kurz vorstellen möchte: Ich habe sie nach wichtigen magischen Themen geordnet.

Zitronen sind Glücksbringer. Mit Stecknadeln gespickt, ziehen sie alles Positive an und halten es fest.

◎ **Für die Liebe:** Come-to-me-Öl, Venus-Öl, Theas Liebesöl, Liebesräucherung, Fire-of-Love-Räucherung und Come-to-me-Räucherung.

◎ **Für den Erfolg**: Success-Öl, Bend-over-Öl, Better-Business-Öl, Karriereräucherung und Crown-of-Success-Räucherung.

◎ **Für Wohlstand und den richtigen Geldfluss**: Money-Drawing-Öl, Big-Money-Öl, Lucky-Hand-Öl, Reichtumsräucherung und Wealthy-Way-Räucherung.

◎ **Für die Gesundheit**: Healing-Öl, Angel-Öl, Heilungsräucherung und Healing-Räucherung.

◎ **Zum Schutz**: Protection-Öl, Angel-Öl, Räucherung der Hohepriesterin und Protection-Räucherung.

Der Hexengarten

Viele der im vorhergehenden Kapitel genannten Pflanzen können Sie selbst anpflanzen und ernten. Sie brauchen dafür keinen großen Garten. Auch auf dem Balkon oder in Blumenkästen lässt sich schon so manches magische Kraut ziehen, beispielsweise Basilikum, Petersilie, Johanniskraut, Lavendel oder Geranie. Einige der angeführten Pflanzen finden Sie auch als Wildwuchs in der freien Natur, wie z. B. Wacholderbäume, Kamille, Farn und Haselnusssträucher. Wenn Sie in der Bestimmung von Pflanzen noch nicht so geübt sind, empfiehlt sich ein bebilderter Pflanzenkompass mit genauen Beschreibungen der einzelnen Pflanzen.

Wenn Sie die Wurzel einer Pflanze verwenden möchten, ernten Sie diese am besten kurz vor Neumond, da zu diesem Zeitpunkt alle Nährstoffe in die Wurzel gewandert sind.

Pflegetipps

Hier noch zwei weitere Tipps für ein gutes Gedeihen der Hexenkräuter. Erstens, pflanzen Sie die Samen ein paar Tage nach Neumond, denn genau wie der Mond zunimmt, werden auch die Pflanzen ihre Saat aufgehen lassen. Der zweite Tipp ist, die Pflänzchen nicht zu viel zu gießen. Wenn sie viel Wasser bekommen, sehen sie zwar möglicherweise schöner aus, aber sie verwässern, und ihre eigenen Wirkstoffe kommen nicht mehr voll zur Geltung.

Die Ernte

Geerntet werden die Kräuter und Blumen entweder nach Bedarf, wie beispielsweise Petersilie oder Basilikum, oder wenn sie ihre volle Reife erreicht haben. Um eine optimale Wirkung zu erzielen, bietet sich die Erntezeit kurz vor oder direkt an Vollmond an. Zu diesem Zeitpunkt sammeln sich alle Kräfte und Wirkstoffe einer Pflanze in den Blättern und Blüten, sie stehen praktisch in vollem Saft. Zum längeren Aufbewahren der gepflückten Pflanzen müssen diese getrocknet werden. Dazu legt man sie möglichst einzeln auf ein Blech und trocknet sie am besten im Sonnenlicht. Anschließend kann man sie noch in einer Mondnacht auslegen und so mit Mondlicht aufladen, damit sie neben ihren eigenen Kräften und der Sonnenenergie auch die magische Kraft des Mondes besitzen.

Bild links:
Wenn Sie die Möglichkeit haben, selbst einen kleinen Hexengarten – und sei es nur auf dem Balkon oder der Terrasse – anzulegen, können Sie dort alle Kräuter und Gewürze ziehen.

Der große Hexengarten

Je nachdem, ob Sie eine große oder eine kleine Fläche für einen richtigen Hexenkräutergarten zur Verfügung haben oder ob Sie sich mit einem kleinen Fenstersims begnügen müssen, gibt es ein paar Anregungen, um den vorhandenen Platz optimal auszunutzen.
Im Idealfall haben Sie einen richtig großen Garten und können sich darin nach Belieben austoben. Dann empfiehlt es sich, ein quadratisches Stück abzugrenzen und die Ränder mit aromatischen Kräuterbüschen und Bäumen zu bepflanzen. Dafür eignen sich beispielsweise Haselnusssträucher, ein kleiner Birnbaum, ein Apfelbaum, Brennnessel. In die Ecken sollten auf jeden Fall Farnkraut und Lorbeer. In die Mitte gehört eine kleine Pergola mit einer Sitzbank, um die Pracht zu genießen. Rings um die Pergola werden Kräuter wie Fenchel, Salbei, Frauenmantel, Engelwurz, Erdbeeren, Sauerampfer, Bergamotte, Johanniskraut, Eisenkraut, Kamille und Rosen gepflanzt. Arrangieren Sie für jede Pflanzenart ein eigenes quadratisches oder rundes Beet. Am besten, Sie machen sich vorher einen Plan, wie Sie sich selbst die Anordnung vorstellen.

Als Ruhepunkt in der Mitte des Hexengartens eignet sich auch ein besonders schön geformter Stein oder ein Holzklotz.

Der kleine Hexengarten

Haben Sie nur eine kleine Gartenfläche zur Verfügung, nehmen Sie eine Auswahl der oben aufgeführten Pflanzen und setzen diese in Form einer Spirale von außen nach innen.
Im Mittelpunkt sollte wieder eine Bank stehen, die Ihnen einen Ruhepunkt bietet. Auf jeden Fall pflanzen Sie an den Rand einen Haselnussstrauch und Farnkraut. Die Kräuter Salbei, Johanniskraut, Bergamotte, Eisenkraut, Engelwurz, Kamille und Rosen sind unbedingter Bestandteil des kleinen Kräutergartens.

Der Hexengarten auf dem Balkon

Haben Sie allerdings nur einen kleinen Balkon oder ein Fenstersims zur Verfügung, gehört schon ein wenig Phantasie zur Gestaltung des Hexengartens. Sie können beispielsweise in einen größeren Topf eine Kletterrose pflanzen und dazu ein paar ausgesuchte Kräuter wie Petersilie, Basilikum und Schnittlauch in den Topf geben. Einen Topf mit mediterranen Kräutern wie Estragon, Salbei und Rosmarin

stellen Sie daneben. Bepflanzen Sie auch einen Topf mit Zitronenmelisse und einen anderen mit einem kleinen Lorbeerbaum. Im Grunde genommen ist Ihrer Phantasie keine Grenze gesetzt. Die hier aufgeführten Pflanzen sind nur eine Empfehlung. Am besten ist es immer, wenn Sie das pflanzen, was Sie selbst am liebsten riechen und sehen möchten.

Gestalten Sie Ihren eigenen individuellen Hexengarten so, wie Sie ihn sich vorstellen. Suchen Sie die Pflanzen nach Ihrem Geschmack so aus, dass sie jederzeit Ihre Augen und Ihren Geruchssinn erfreuen. Die Beschäftigung mit Ihrem Hexengarten wird Sie auch auf einen wunderbaren Weg zurück zur Natur bringen. Sie werden plötzlich feststellen, wie schön es ist, in der Erde zu wühlen und die sanfte Kraft der Pflanzen zu spüren. Auch in einer Großstadt können Sie auf diese Art die Natur wieder entdecken.

Suchen Sie für Ihren Garten Pflanzen aus, die zu unterschiedlichen Zeiten blühen; so haben Sie immer von neuem eine verschiedenfarbige Blütenpracht.

Höhlen für Erdgeister

Noch ein kleiner Hinweis: Legen Sie in Ihrem Hexengarten auch einen kleinen Steingarten an, indem Sie zwischen den Kräutern kleine Steinhöhlen bauen. Sie sind Zufluchts- und Wohnorte der Erdgeister. Sie werden sich dort einnisten und nicht nur Ihren Garten, sondern auch Sie selbst und Ihre Familie beschützen. Erdgeister sind ein bisschen eigen und bedürfen der Zuwendung. Sie müssen das Gefühl haben, willkommen zu sein. Ein entsprechender Steingarten mit Höhlen und Nischen zeigt ihnen, dass sie erwünscht sind. Sie geben dann den sie umgebenden Pflanzen ihre Magie ab und beschützen ihr Wachstum. Wenn Sie ein Zeichen möchten, ob wirklich Erdgeister in Ihrem Garten eingezogen sind, lassen Sie einfach etwas Glitzerndes, etwa einen Ring, im Garten liegen. Ist er kurz darauf einfach weg, haben ihn sich die Kobolde und Feen geholt. Sie lieben solche Dinge, nicht weil sie einen materiellen Wert besitzen, sondern weil es glitzert und blinkt und einfach schön ist.

In manchen Kulturen haben Steinhöhlen für Erdgeister eine lange Tradition. In Island ist es üblich, Steingärten zu bauen, da man auf dieser Insel die Geister der Erde auch heute noch sehr verehrt und ihre Arbeit hoch schätzt. Und je mehr die Trolle und Feen der Erde das Gefühl haben, geachtet zu werden, desto mehr geben sie auch von ihren Fähigkeiten an ihre Umwelt und an Sie ab. Sie werden es Ihnen tausendfach danken.

Die Hexenstube

Die Hexenstube soll der Ort sein, an dem Sie Ihre Rituale abhalten, Meditationen durchführen und vor allem Ihre intuitiven Fähigkeiten schulen. Deshalb sollte der Raum abschließbar sein, so dass Sie nicht gestört werden, wenn Sie es nicht wollen. Es muss aber kein Zimmer sein, das ausschließlich als Hexenstube dient, außer Sie haben die räumlichen Möglichkeiten dazu. Sie sollten aber genug Platz darin haben, um einen kleinen Altar aufzustellen.

Der Altar für magische Rituale ist ein heiliger Ort. Achten Sie darauf, dass nicht jeder Ihren Altar und Ihre Ritualgegenstände berührt.

Mut zur Improvisation

Die folgenden Tipps sind Anregungen, die ich persönlich für wichtig halte. Wenn bei Ihnen nicht alles davon machbar ist, improvisieren Sie einfach. Gestalten Sie Ihre Hexenstube und Ihren Altar nach Ihren persönlichen Vorlieben. Es ist Ihr Ort der Kraft und der Nähe zur göttlichen Energie. Seien Sie sich dessen immer bewusst, und achten Sie diesen Platz als etwas Außergewöhnliches. Hier nehmen Sie Kontakt auf zu den spirituellen Energien, die Sie rufen möchten, hier hat die irdische Realität nicht mehr ihre uneingeschränkte Vorherrschaft. Sie schaffen hier einen besonderen Ort – für Ihre persönlichen Rituale, für Ihre Meditation und für Ihre eigene Intuition.

Der geschützte Eingang zur Hexenstube

Über die Eingangstür gehören ein Säckchen mit Pfefferkörnern, das mit Protection-Öl beträufelt wurde, und ein Pentagramm. Betreten Sie die Hexenstube, wenn sie zu keinem anderen Zweck benutzt wird, immer ohne Schuhe.

Bild links: Wenn Sie anfangen, Magie auszuüben, sollten Sie sich auf jeden Fall Ihren eigenen magischen Ort, einen Altar, einrichten, der nur für Sie bestimmt ist und zu dem andere Menschen keinen Zutritt haben.

Der Altar

Der Altar steht im Zentrum der magischen Handlungen. Er ist ein Platz der Ruhe, der Verinnerlichung und der Konzentration. Hier haben Sie die direkte Verbindung zu den Kräften dieser Welt, die immer und überall wirken, durch Magie und die Gesetze der Natur.

Der Altar sollte natürlich nach dem eigenen Geschmack gestaltet werden. Blüten, Kerzen und Rächerstäbchen sind allerdings ein Muss.

Einrichten des Altars

Finden Sie mit Hilfe eines Kompasses heraus, in welcher Richtung Osten liegt. Im Osten stellen Sie einen kleinen Tisch oder eine Kommode auf, die Ihnen als Altar dienen. Auf den Altar legen Sie eine schöne weiße Tischdecke. Dies ist der Platz, an dem Sie Ihre Rituale ausführen und auch sonst Wünsche und Bitten äußern können. Hin und wieder ist es zudem sehr wichtig, ein Dankritual oder auch nur eine Anrufung der göttlichen Kräfte durchzuführen. Denn wie überall gilt selbstverständlich auch in der Magie: Man kann nicht immer nur wünschen und haben wollen, auch das Danksagen gehört als wichtiger Bestandteil zu den magischen Praktiken, die hier vorgestellt werden sollen.

Ein gemütlicher Teppich macht sich zwar in jedem Zimmer sehr gut, zu Ritualzwecken sollte er aber zur Seite gerollt werden.

Was immer auf den Altar gehört

Es gibt einige magische Hilfsmittel, die ständig, auch außerhalb von Ritualzeiten, auf den Altar gehören. Deshalb ist es wichtig, dass der Altar einen festen Platz hat und immer als solcher genutzt wird. Zu den festen Bestandteilen eines Altares gehören auf jeden Fall weiße Kerzen, der Räucherkelch, der Zauberstab, eine Duftlampe und als Dekorationselemente Blütenblätter und Muscheln. Wenn Sie einen oder mehrere magische Kobolde besitzen, sollten diese auch auf dem Altar platziert werden. Geben Sie jedem Kobold eine Feder mit, so dass er Ihnen mit ihrer Hilfe überallhin folgen kann.

Der magische Kobold

Noch ein Wort zum magischen Kobold, denn möglicherweise wissen Sie nicht, was darunter zu verstehen ist. Die Tradition der Kobolde ist uralt. Sie gelten in Ländern mit lebendigen Mythen, wie Großbritannien, Irland oder Island, als natürlicher Bestandteil der Natur. Und auch unsere Zwerge und Heinzelmännchen sind mit ihnen verwandt. Mit kleinen Kobolden aus Stoff können Sie die Naturkräfte einfangen und für sich nutzbar machen.
Die Farbe eines Koboldes steht für die Eigenschaften und Gefühle, die er unterstützen soll.

Kobolde bestehen aus verschiedenen Kräutern, die speziell für ihre jeweilige Aufgabe zusammengestellt werden.

- **Gelber Kobold:** Er steht ganz allgemein für Glück, wirkt gegen Depressionen und Angstgefühle.
- **Schwarzer Kobold:** Er sorgt für inneres Gleichgewicht und schützt vor magischen Angriffen.
- **Brauner Kobold:** Trennungen von Dingen und Menschen, die wir gerne loswerden möchten, werden von ihm unterstützt.
- **Roter Kobold:** Wie nicht anders zu erwarten, ist Rot die Farbe der Liebe, Sexualität und Partnerschaft. Ihr Kobold unterstützt Sie in diesem Bereich.
- **Rosa Kobold:** Ein Hauch der Liebesfarbe fördert die Freundschaft und die Harmonie.
- **Blauer Kobold:** Er steht für Erfolg, Ausgleich und Gerechtigkeit. Mit seiner Hilfe erreichen Sie die angestrebten Ziele und verwirklichen Ihre Ideale.
- **Grüner Kobold:** Er ist zuständig für alles, was mit Geld zu tun hat, und steht für materiellen Gewinn und Wohlstand. Hilfreich ist er auch bei Bankgeschäften.
- **Kobold natur:** Er wirkt reinigend, gibt Kraft und bewahrt Sie vor negativen Energien.
- **Weißer Kobold:** Er unterstützt Sie, wenn Sie einmal mit Krankheiten zu kämpfen haben, und regeneriert Seele, Geist und Gemüt.

Programmierung eines Kobolds

Um einen Kobold wirksam zu machen, müssen Sie ihn auf Ihre Person und Ihre Ziele hin programmieren. Um dem Kobold neue Kraft zu geben, sollten Sie das Ritual etwa alle sechs bis zwölf Monate wiederholen. Und so geht das Ritual:

◎ Füllen Sie ein Glas mit frischem Leitungswasser, und halten Sie Ihre rechte Hand darüber. Die linke Hand strecken Sie hoch, die Handfläche zeigt nach oben. Stellen Sie sich vor, wie kosmische Energie in Ihre linke Hand, dann durch den Arm, durch Brust und Herz hinüber in Ihren rechten Arm fließt und durch Ihre Hand in das Wasserglas geleitet wird.

◎ Setzen Sie den Kobold auf ein weißes Tuch, links und rechts von ihm zwei weiße Kerzen, die Sie mit dem eben zubereiteten, kosmisch aufgeladenen Wasser bestrichen haben.

◎ Taufen Sie nun den Kobold mit dem kosmisch aufgeladenen Wasser, und geben Sie ihm einen Namen. Verraten Sie seinen Namen niemandem.

◎ Stellen Sie sich dem Kobold vor, und erklären Sie ihm, welche Aufgabe er für Sie ausführen soll.

Jeder Kobold wird mit Mondenergie und magischen Eigenschaften aufgeladen. Nun ist er in der Lage, Aufgaben für Sie zu erfüllen.

Steine, Amulette, Talismane

Wenn Sie einen oder mehrere Steine haben, die Ihnen viel bedeuten, gehören sie auch auf den Altar, ebenso wie Amulette und Talismane oder andere Gegenstände, die für Sie eine besondere, magisch intuitive Bedeutung haben. Schön machen sich auf dem Altar auch noch eine ausgesuchte große Muschel, ein mehrarmiger Kerzenständer, frische Blumen und ein paar Haselnusszweige. Für spezielle Knotenmagie können Sie noch verschiedenfarbige Wolle in der Kommode beim Altar aufbewahren.

Venus und Engel

Des Weiteren gehören zu einer richtigen Hexenstube unbedingt eine Venusstatue und kleine Engelchen. Die Dekoration kann mit antiken Säulen, die meist aus Pappmaschee oder ähnlichem Material erhältlich sind, noch magischer gestaltet werden.

Musik

Und noch ein ganz wichtiger Punkt: Was Sie für Rituale, die Sie in diesem Raum durchführen möchten, auf keinen Fall vergessen dürfen, ist eine Stereoanlage, denn Musik ist ein wesentlicher Bestandteil eines jeden Rituals.

Kerzen und Altardecken

Stellen Sie eine Kommode in das Zimmer, in der Sie Kerzen in vielen Farben und Altardecken für jeden Anlass aufbewahren können.

Kordeln und Kristalle

Für den Ritualkreis brauchen Sie verschiedenfarbige Kordeln oder Kristalle wie Aquamarine, Bergkristalle, Amethyste oder Rosenquarze in entsprechender Anzahl.

Sorgen Sie dafür, dass in Ihrem Ritualzimmer weder ein Telefon noch die Türklingel zu hören ist, damit Sie bei Ritualen absolut ungestört sind.

Ritualkleidung

Nicht nur der Ort der magischen Handlungen muss gestaltet werden, auch Sie selbst sollten sich aus der Alltagswelt herausheben. Dazu gehört auch die passende Kleidung. Wenn Sie die Möglichkeit haben, lassen Sie einen blauen Ritualmantel anfertigen, oder nähen Sie sich selbst ein Ritualgewand. Wichtig sind weite Ärmel und eine Kapuze. Auf den Rücken des Mantels sticken Sie das Pentagramm. Zusätzlich kann der Mantel noch mit Ihrem Namen und mit goldenen Sternchen verziert werden.

Wenn Sie möchten, können Sie auf den Ritualmantel auch Ihren Namen oder Ihre Initialen aufsticken oder aufnähen.

Die Hexenfeste

Im Hexenjahr gibt es Rituale zu bestimmten Festen. Die wichtigsten Feiertage der Hexen sind zumeist im gleichen Zeitraum wie die christlichen Festtage. Das hat seinen guten Grund. Da die Menschen zu Beginn des christlichen Zeitalters noch ihre Feste nach heidnischem Brauchtum feierten, musste das Christentum etwas Gleichwertiges dagegensetzen, um überhaupt gegen die alten Religionen bestehen zu können.

Auch in der Magie sollte es wie im Leben keine Schwarzweißmalerei geben. Es gilt, die große Bandbreite der Grautöne dazwischen abzuwägen.

Christliche Umdeutung heidnischer Feste

Aus dem Fest der Göttin Ostara wurde Ostern, aus dem Julfest, der Wintersonnenwende, wurde Weihnachten, obwohl man heute aus rechnerischen Gründen überzeugt ist, dass der Geburtstermin Jesu Anfang bis Mitte September gelegen sein muss. Die althergebrachten Feste hatten immer einen speziellen, mit der Natur in Zusammenhang stehenden Anlass. Es waren Zeitpunkte, zu denen man um etwas bat oder für etwas dankte.

Keltischer Ursprung

Die Hexenfeste, die ich Ihnen hier näher bringen möchte, sind diejenigen, die aus der keltischen Tradition übermittelt wurden. Es sind sechs wichtige Festtage, die ihre ganz eigenen Rituale haben, die, würden wir sie heute noch genauso feiern, teilweise etwas befremdlich anmuten würden. Wenn beispielsweise ein Mann nackt, nur mit einem Hirschgeweih ausgestattet, durch den Englischen Garten in München springen würde, hätte er bestimmt ganz schnell die Ordnungshüter am Hals.

In der Natur feiern

Trotz solcher Risiken ist es nach wie vor wichtig, die Feste im Freien zu feiern, wenn das Wetter es zulässt. Die Energien, die bei den jeweiligen Ritualen freigesetzt werden, können sich so mit der Natur verbinden und ihrem zugedachten Weg folgen.

Bild links:
Zum berühmtesten Hexenfest Beltane (Walpurgisnacht) sollte auch der Tisch festlich dekoriert werden.

Magische Rituale im Haus

Sollten Sie aber ein Fest innerhalb den schützenden Mauern eines Hauses feiern müssen, da die Außentemperatur oder schlechtes Wetter keine Freiluftparty zulässt, gibt es einen Ausweg. Holen Sie sich einfach etwas Natur in Form von Zweigen, Blumen und Duftstoffen ins Haus.

Hexenwein

Natürlich gehören auch Speise und Trank zu einem magischen Ritual. Bereiten Sie beides am Tag vor dem Ritual zu. Ein ganz besonderer Hexenwein wird nach diesem Rezept gebraut.

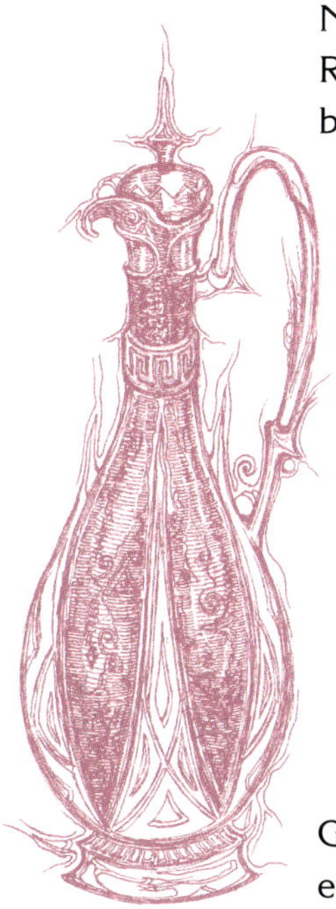

Zutaten

2 EL grüne Teeblätter
1 Schnapsglas voll Rum
1 Schnapsglas voll Obstler
1 Schnapsglas voll Wodka
1 Glas kräftiger Rotwein
2–3 Nelken
1 Zimtstange
1 Prise Pfeffer

Zubereitung

Gießen Sie die grünen Teeblätter mit etwa 1 Liter gekochtem und etwas abgekühltem Wasser auf, und lassen Sie den Tee kurze Zeit ziehen. Mischen Sie die alkoholischen Zutaten, Nelken und Zimtstange sorgfältig darunter. Die Prise Pfeffer rundet dann das Hexengetränk ab.

Alkohol ist keineswegs nötig für ein gelungenes Ritual. Wählen Sie das Getränk aus, das Ihnen am meisten liegt.

Variante

Wenn Sie antialkoholisch feiern möchten, geben Sie statt Rum, Obstler und Wodka je 1 Glas Orangen- und Traubensaft in den grünen Tee.

Falls Sie keine großen Umstände bei der Vorbereitung des Ritualweins machen wollen, ist auch ein ganz normaler kräftiger Rotwein für die Zeremonie gut geeignet.

Sabbatkuchen

Eine Speise gehört ebenfalls zum Ritual, am besten ein so genannter Sabbatkuchen. Ein besonders üppiger Kuchen nach einem alten Hexenrezept folgt der magischen Zahl Sieben und enthält deshalb sieben verschiedene Getreidearten, sieben Eier und wird mit sieben verschiedenen Früchten belegt. Aber ein Sabbatkuchen muss keineswegs aufwändig sein. Ein einfacher Kuchen ist ebenfalls gut als Ritualspeise geeignet. Hauptsache, er wurde mit Liebe und Sorgfalt gebacken.

Gabe für die Geister

Wenn Sie die magischen Speisen und Getränke gekostet haben, sollten Sie auch die Erdgeister nicht vergessen. Nach jedem Ritual geben Sie etwas vom Hexenwein und vom Sabbatkuchen in kleine Schälchen und stellen diese Gaben für die Feen und Kobolde bereit.

Manche Ritualhandlungen, wie beispielsweise die rituelle Vereinigung, werden heute nur noch symbolisch dargestellt. Gegen eine schöne, romantische Liebesnacht an Beltane ist aber nichts einzuwenden.

Beltane

Das erste Fest im Jahreszyklus der Hexen ist Beltane. Es wird am 30. April gefeiert. Die Christen nennen diese Feier auch »Walpurgisnacht« nach der heiligen Walpurga, die an diesem Tag starb, aber ansonsten gar nichts mit dem heidnischen Brauch des Beltanefestes zu tun hat.

Ein Hochzeitsfest

An Beltane wird die Hochzeit der großen Göttin Diana mit dem Gott Karnayna gefeiert. Sie ist das Symbol für den Beginn der Fruchtbarkeit und des Wachstums. Nun kann die Liebe gedeihen und wachsen. Nicht nur in der Natur, auch bei uns Menschen gilt von alters her der Monat Mai als Monat der Liebe, denn er ist der Monat, der auf die Beltanenacht folgt. Allerdings bringt es kein Glück, im Mai zu heiraten, da er zum einen der Monat für die Flitterwochen des göttlichen Paares ist. Zum anderen sollten menschliche Liebespaare nun erst anfangen, sich kennen zu lernen, und der Liebe Zeit geben, sich zu entwickeln.

Macht der Erotik

Da Beltane eigentlich ein Fest der Liebe – speziell der erotisch orientierten – ist, wurde es früher oft sehr ausschweifend gefeiert; daher auch die Gerüchte, Hexen würden sich in dieser Nacht mit dem Teufel vergnügen. Zwar war das immer schon ein sehr oberflächliches Geschwätz von böswilligen, neidischen Menschen, die das Fest verunglimpfen wollten, aber es ist trotzdem Grund genug, das Fest heute in etwas zahmeren Bahnen zu zelebrieren.

Große Kerzengläser und entsprechend große Kerzen für magische Rituale bekommen Sie in jedem Haushaltswarengeschäft.

Vorbereitung

Die Anzahl der teilnehmenden Personen sollte entweder zwei, elf oder 20 betragen. Wenn elf oder 20 Personen am Fest beteiligt sind, ist es von Vorteil, wenn Frauen und Männer in ungefähr gleicher Anzahl dabei sind.
Da an diesem Abend das Wetter erfahrungsgemäß meist hervorragend ist, kann das Fest im Freien stattfinden. Suchen Sie sich dafür einen schönen, ruhigen Ort, an dem Sie nicht gestört werden und an dem Sie ein offenes Feuer entzünden können. Bereiten Sie vor dem Ritual einen Hexenwein zu (Rezepte siehe Seite 46).

Musik

Um beim Ritual für die richtige Stimmung zu sorgen, benötigen Sie Musik. Entweder Sie bespielen eine Kassette mit Musik, die Sie selbst für geeignet halten, oder Sie benutzen meine für dieses Fest konzipierte Ritualmusik von der CD »Year of the Wicca«. In diesem Fall ist es wichtig, zuerst das Stück »Prayer for Protection« auf die Kassette zu spielen, dann den Song »Beltane«. Diesen Song können Sie ein paar Mal hintereinander aufnehmen, je nachdem, wie lange Sie das Ritual durchführen möchten. Ans Ende kommt das Stück »Finale« zur Verabschiedung der Götter, und fertig ist eine komplette Beltane-Ritualkassette.

Ritualort

Überprüfen Sie an Ihrem Ritualplatz die Positionen der einzelnen Himmelsrichtungen. Markieren Sie Süden, Westen und Norden im

Abstand von entweder ca. zwei oder elf Metern mit jeweils einer großen Altarkerze. Wenn es windig ist, stellen Sie die Altarkerzen in große Kerzengläser. Im Osten stellen Sie zwei Altarkerzen im Abstand von ca. einem Meter auf, als Eingang für die Ritualteilnehmer. Markieren Sie den restlichen Rand des Ritualkreises mit kleinen Teelichtern oder/und mit Partyfackeln, je nach Geschmack.

Feuer

In der Mitte des Kreises errichten Sie das Beltanefeuer. Nehmen Sie dazu möglichst aromatisches Holz. Wenn Sie Wacholder- oder Haselnussholz bekommen können, umso besser. Das Feuer kann zu Beginn ruhig recht hoch sein, später muss es verkleinert werden, so dass die Teilnehmer problemlos darüber springen können.

Nehmen Sie sich Zeit und Muße, um den richtigen Ritualplatz zu finden. Meist stößt man durch Intuition genau auf den richtigen Ort.

Altar

Im Osten, links vom Eingang, wird im Kreis der Altar aufgestellt. Dazu eignet sich ein ganz normaler Campingtisch, eine schöne weiße oder rote Tischdecke darüber, geschmückt mit Frühlingsblumen und zwei weißen Kerzen. Dazu werden Kuchen und Wein gestellt. Für den Wein sollten Sie genügend Trinkbecher für alle Teilnehmer dabeihaben. Früher tranken alle Teilnehmer aus einem

Zu Beltane am 30. April ist meistens schon wieder mildes Wetter, so dass man den erwachenden Frühling im Freien begrüßen kann.

speziell geweihten Ritualkelch, aber heute legen die meisten Menschen Wert darauf, ihren eigenen »Kelch« zu benutzen. Jeder Teilnehmer bringt selbst noch einen kleinen Blumenstrauß und einen Wunschzettel mit. Damit sind die Vorbereitungen abgeschlossen.

Haselnusszweige haben eine allgemeine Schutzfunktion. Sie können damit beispielsweise auch Ihren Garten vor übel wollenden Nachbarn schützen.

Durchführung des Rituals

Das Ritual beginnt um 23.00 Uhr. Zunächst betreten die Hohepriesterin und der Hohepriester, die vorher dazu bestimmt werden oder die Sie selbst und Ihr Partner sind, den Kreis. Mit einem Reisigbesen reinigt die Hohepriesterin den Kreis von schlechten Energien. Das geschieht symbolisch, es muss nicht der ganze Kreis ausgekehrt werden. Ebenfalls symbolisch schließt sie nun den Kreis mit einem Zauberstab oder einem Haselnusszweig, indem sie die Ränder abgeht. Nur das Tor im Osten bleibt noch offen. Hohepriesterin und Hoherpriester bitten nun die Teilnehmer, einzeln in den Kreis zu treten. Sie werden von der Hohepriesterin mit dem dreifachen Kuss, auf die Stirn und auf beide Wangen, in Empfang genommen. Wenn alle Teilnehmer im Kreis sind, wird auch das Tor mit dem Haselnusszweig geschlossen. Nun setzt die Musik ein. Mit dem Lied »Prayer for Protection« werden die Wächter der einzelnen Himmelsrichtungen gerufen, um den Kreis zu beschützen. Die Hohepriesterin kann aber auch selbst um Schutz bitten, indem sie ausruft:

Euros, Wächter des Ostens, der Luft,
wir rufen Dich,
komm herbei und schütze diesen Kreis.

Notus, Wächter des Südens, des Feuers,
wir rufen Dich,
komm herbei und schütze diesen Kreis.

Cephyrus, Wächter des Westens, des Wassers,
wir rufen Dich,
komm herbei und schütze diesen Kreis.

Boreas, Wächter des Nordens, der Erde,
wir rufen Dich,
komm herbei und schütze diesen Kreis.

Öffnet Eure Tore,
so dass die große Göttin Aradia
und der große Gott Karnayna
in unserer Mitte dem Ritual beiwohnen können.

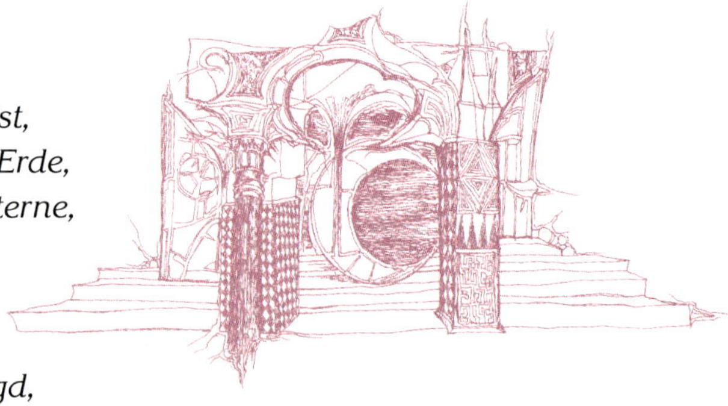

Sei willkommen,
große Göttin Aradia,
die Du in Wahrheit Diana bist,
große Göttin von Himmel und Erde,
Königin des Mondes und der Sterne,
Mutter der Erde.
Sei willkommen,
großer Gott Karnayna,
Gott des Waldes und der Jagd,
Vater der Fruchtbarkeit und der Ekstase.
Wohnt unserem Ritual bei,
gebt uns Eure Liebe und öffnet unsere Herzen.
Führt uns aus der Dunkelheit ans Licht
und erhört unsere Wünsche.

Eko, eko, Azarak,
eko, eko, Zamelak,
eko, eko, Karnayna,
eko, eko, Aradia.

Nun ist der Kreis geschützt, und die Göttin und der Gott sind bei Ihnen. Genießen Sie eine Weile dieses wunderbare Gefühl, sprechen Sie zur Göttin, tragen Sie ihr leise Sorgen und Wünsche vor, und besinnen Sie sich auf Ihre Spiritualität. Dazu vermittelt der Song »Beltane« genau die richtige Stimmung, aber wie bereits gesagt, können Sie auch jede andere passende Musik dazu auswählen.

Diese Anrufung ist sehr machtvoll. Sie werden die Anwesenheit der Götter spüren, nachdem Sie die Worte gesprochen haben. Wiederholen Sie sie dreimal!

Sprung übers Feuer

Nach fünf bis zehn Minuten wird das große Beltanefeuer so weit verkleinert und auseinander gezogen, dass man ohne Probleme darüber springen kann. Die Hohepriesterin und der Hohepriester springen zuerst. Denken Sie während des Sprungs an den Wunsch, den Sie auf Ihren Wunschzettel geschrieben haben. Unmittelbar nach

Der Sprung über das Beltanefeuer ist fester Bestandteil des Rituals. Er unterstützt die Erfüllung des Wunsches.

Die Wächter der Tore werden den Ritualkreis während der Feierlichkeit beschützen, so dass keine ungebetenen Gäste das Ritual stören können.

dem Sprung werfen Sie den mitgebrachten Blumenstrauß und den Wunschzettel ins Feuer. So kann der Wunsch in Begleitung aromatischer Vertreter der Natur in Form von Rauch in den Himmel steigen. Wenn alle Ritualteilnehmer über das Feuer gesprungen sind und Blumen und Wunsch ins Feuer geworfen haben, segnet die Hohepriesterin den Wein und den Kuchen und verteilt sie.

Das Ritual beschließen

Zum Schluss des Rituals müssen die Göttin, der Gott und die Wächter der Tore wieder entlassen werden. Dazu können Sie entweder das Lied »Finale« spielen oder auch selbst die Worte sprechen:

Mögen die Göttin und der Gott
uns beschützen,
uns Frieden bringen und in Liebe über uns wachen.
Göttin Aradia und Gott Karnayna,
wir entlassen Euch nun in der Hoffnung,
dass Ihr uns weiterhin begleitet.

Euros, Wächter des Ostens und der Luft,
wir danken Dir und entlassen Dich aus unserem Kreis.

Notus, Wächter des Südens und des Feuers,
wir danken Dir und entlassen Dich aus unserem Kreis.

Cephyrus, Wächter des Westens und des Wassers,
wir danken Dir und entlassen Dich aus unserem Kreis.

Boreas, Wächter des Nordens und der Erde,
wir danken Dir und entlassen Dich aus unserem Kreis.
Schließe Deine Tore.

Eko, eko, Azarak,
eko, eko, Zamelak,
eko, eko, Karnayna,
eko, eko, Aradia.

Wiederholen Sie die Anrufung dreimal. Die Hohepriesterin öffnet nun den Kreis wieder, indem sie ihn mit dem Zauberstab entgegen dem Uhrzeigersinn abgeht. Der offizielle Teil des Beltanefestes ist damit abgeschlossen, und Sie können Party feiern, wie Ihnen beliebt. Dabei kommt es nicht selten vor, dass sich Paare in die Büsche verirren und längere Zeit nicht mehr gesichtet werden.

Genießen Sie auch nach dem Beltanefest die Stimmung und die Atmosphäre. Sie werden Dinge entdecken und Geräusche hören, die Ihnen bisher gar nicht aufgefallen sind.

Sommersonnenwende

Die Sommersonnenwende wird am 21. Juni gefeiert. Die Sonne steht an diesem Tag an ihrem höchsten Punkt. Der längste Tag und die kürzeste Nacht des Jahres sind erreicht. Wenn das kein Grund zum Feiern ist! Die Sommersonnenwende ist ein absolutes Freudenfest, an dem Wünsche jeglicher Art geäußert werden können und erhört werden. Dieser Tag fördert auch die Fruchtbarkeit, besonders bei Frauen, die große Schwierigkeiten haben, schwanger zu werden. Da die Natur jetzt ihre eigene Fruchtbarkeit in vollem Umfang zeigt, alles blühen und gedeihen lässt, gibt sie gerne von ihrem Überschwang ab.

Vorbereitung

Die Anzahl der teilnehmenden Personen sollte entweder vier, 13 oder 24 betragen.
Dieses Ritual kann dank der überaus milden Temperaturen am Abend in der freien Natur stattfinden. Suchen Sie sich dafür einen

schönen, ruhigen Ort, an dem Sie nicht gestört werden und an dem Sie ein offenes Feuer entzünden können. Bereiten Sie vorher Sabbatkuchen und Hexenwein zu. Notfalls tun es ein ganz normaler kräftiger Rotwein und ein mit Liebe gebackener einfacher Kuchen.

Musik

Um beim Ritual für die richtige Stimmung zu sorgen, benötigen Sie Musik. Entweder Sie bespielen eine Kassette mit Musik, die Sie selbst für geeignet halten, oder Sie benutzen meine dafür konzipierte Ritualmusik von der CD »Year of the Wicca«. In diesem Fall gehen Sie wie bei der Musik für Beltane vor: Sie überspielen zuerst das Stück »Prayer for Protection« auf die Kassette, dann den Song »Summer-Equinox«. Je nachdem, wie lange Sie das Ritual durchführen möchten, können Sie den Song ein paar Mal hintereinander aufnehmen. Am Ende kommt das Stück »Finale« zur Verabschiedung der Götter auf die Kassette.

Versichern Sie sich, wenn Sie ein richtig großes Feuer machen, dass keine Sträucher oder Bäume in der Nähe sind, auf die das Feuer übergreifen könnte.

Ritualort

Überprüfen Sie an Ihrem Ritualplatz die Positionen der einzelnen Himmelsrichtungen. Markieren Sie Süden, Westen und Norden im Abstand von entweder ca. vier oder 13 Metern mit jeweils einer großen Altarkerze. Wenn es windig ist, stellen Sie die Altarkerzen in große Kerzengläser. Im Osten stellen Sie zwei Altarkerzen im Abstand von etwa einem Meter als Eingang für die Ritualteilnehmer auf. Markieren Sie den restlichen Rand des Ritualkreises je nach Geschmack mit kleinen Teelichtern oder/und mit Partyfackeln. In der Mitte des Kreises errichten Sie das Feuer. Nehmen Sie dazu möglichst aromatisches Holz; wenn Sie Wacholder- oder Haselnussholz bekommen können, umso besser. Das Feuer kann ruhig recht hoch und üppig sein.

Altar

Im Osten, links vom Eingang, wird im Kreis der Altar aufgestellt. Dazu eignet sich gut ein ganz normaler kleiner Campingtisch. Legen Sie eine schöne weiße oder blaue Tischdecke darüber, und schmücken Sie ihn mit Wiesenblumen, vor allem Sonnenblumen,

Die Sommersonnenwende wird am 21. Juni gefeiert. Wiesenblumen symbolisieren die große Kraft der Natur im Sommer.

einem Büschel Heidekraut und Johanniskraut und zwei weißen Altarkerzen. Dazu werden Kuchen und Wein gestellt. Für den Wein sollten Sie genügend Trinkbecher für alle Teilnehmer dabeihaben. Früher tranken zwar alle aus dem gleichen, speziell geweihten Ritualkelch, aber heute legen die meisten Menschen aus hygienischen Gründen Wert darauf, ihren eigenen »Kelch« zu benutzen. Vor den Altar wird ein großer Kessel mit Wasser gestellt, der ebenfalls mit Blumen geschmückt wird. Damit sind die Vorbereitungen für das Ritual abgeschlossen.

Wiesenblumen stehen für den voll erblühten Sommer, für die Kraft der Natur und für ihre Schönheit.

Durchführung des Rituals

Das Ritual beginnt um 23.00 Uhr. Zunächst betreten die Hohepriesterin und der Hohepriester, die vorher dazu bestimmt werden oder die Sie selbst und Ihr Partner sind, den Kreis. Mit einem Reisigbesen reinigt die Hohepriesterin zunächst den Kreis von schlechten Energien – symbolisch, sie muss nicht den ganzen Kreis komplett auskehren. Ebenfalls symbolisch schließt sie nun den Kreis mit einem Zauberstab oder einem Haselnusszweig, indem sie die Ränder damit abgeht. Nur das Tor im Osten bleibt zunächst noch offen. Hohepriesterin und Hoherpriester bitten nun die Teilnehmer, einzeln in den Kreis zu treten; sie werden von der Hohepriesterin mit dem dreifachen Kuss, auf die Stirn und auf beide Wangen, in Empfang genommen. Wenn alle Teilnehmer im Kreis sind, wird das Tor mit dem Haselnusszweig geschlossen. Nun setzt die Musik ein. Mit dem

Lied »Prayer for Protection« werden die Wächter der einzelnen Himmelsrichtungen gerufen, um den Kreis zu beschützen. Die Hohepriesterin kann das aber auch selbst tun, indem sie – wiederum dreimal – ausruft:

Euros, Wächter des Ostens, der Luft,
wir rufen Dich,
komm herbei und schütze diesen Kreis.

Notus, Wächter des Südens, des Feuers,
wir rufen Dich,
komm herbei und schütze diesen Kreis.

Cephyrus, Wächter des Westens, des Wassers,
wir rufen Dich,
komm herbei und schütze diesen Kreis.

Boreas, Wächter des Nordens, der Erde,
wir rufen Dich,
komm herbei und schütze diesen Kreis.

Öffnet Eure Tore,
so dass die große Göttin Aradia
und der große Gott Karnayna
in unserer Mitte dem Ritual beiwohnen können.
Sei willkommen,
große Göttin Aradia,
die Du in Wahrheit Diana bist,
große Göttin von Himmel und Erde,
Königin des Mondes und der Sterne,
Mutter der Erde.
Sei willkommen,
großer Gott Karnayna,
Gott des Waldes und der Jagd,
Vater der Fruchtbarkeit und der Ekstase.
Wohnt unserem Ritual bei,
gebt uns Eure Liebe und öffnet unsere Herzen.
Führt uns aus der Dunkelheit ans Licht
und erhört unsere Wünsche.

Aradia und Diana sind zwei Aspekte der dreifachen Göttin, nämlich die Jungfrau und die Mutter. Dazu kommt noch das alte, weise Weib, die Göttin Hekate.

Eko, eko, Azarak,
eko, eko, Zamelak,
eko, eko, Karnayna,
eko, eko, Aradia.

Nun ist der Kreis geschützt, und die Göttin und der Gott sind bei Ihnen. Genießen Sie eine Weile dieses Gefühl, sprechen Sie zur Göttin, tragen Sie ihr in Gedanken Sorgen und Wünsche vor, und besinnen Sie sich auf Ihre Spiritualität. Dazu vermittelt der Song »Summer-Equinox« genau die richtige Stimmung, aber wie bereits gesagt, können Sie auch jede andere passende Musik dazu auswählen. Nehmen Sie sich an den Händen, und tanzen Sie um das Feuer.

Der mit Wasser gefüllte Kessel ist das Symbol für den Kessel des Überflusses, der immer voll ist und jeden Wunsch erfüllen kann.

Das Kerzentor

Nach 15 Minuten stellen die Hohepriesterin und der Hohepriester die Kerzen wie ein Tor zwischen Feuer und Wasserkessel auf. Die Teilnehmer gehen nacheinander vom Feuer aus durch das Kerzentor und sprechen laut ihren größten Wunsch aus. Vor dem Wasserkessel bleibt jeder stehen und wird von der Hohepriesterin mit Wasser aus dem großen Hexenkessel besprengt. Wenn alle ihre Wünsche ausgesprochen haben und mit dem Wasser gesegnet sind, segnet die Hohepriesterin Wein und Kuchen und verteilt beides.

Das Ritual beschließen

Zum Schluss des Rituals müssen die Göttin, der Gott und die Wächter der Tore wieder entlassen werden. Dazu können Sie entweder das Lied »Finale« spielen oder auch selbst die Worte sprechen:

Mögen die Göttin und der Gott
uns beschützen,
uns Frieden bringen und in Liebe über uns wachen
Göttin Aradia und Gott Karnayna,
wir entlassen Euch nun in der Hoffnung,
dass Ihr uns weiterhin begleitet.

Euros, Wächter des Ostens und der Luft,
wir danken Dir und entlassen Dich aus unserem Kreis.

Notus, Wächter des Südens und des Feuers,
wir danken Dir und entlassen Dich aus unserem Kreis.

Cephyrus, Wächter des Westens und des Wassers,
wir danken Dir und entlassen Dich aus unserem Kreis.

Boreas, Wächter des Nordens und der Erde,
wir danken Dir und entlassen Dich aus unserem Kreis.
Schließe Deine Tore.

Eko, eko, Azarak,
eko, eko, Zamelak,
eko, eko, Karnayna,
eko, eko, Aradia.

Wiederholen Sie die Anrufung dreimal. Die Hohepriesterin öffnet nun den Kreis wieder, indem sie ihn mit dem Zauberstab entgegen dem Uhrzeigersinn abgeht. Der offizielle Teil des Sonnwendfestes ist damit abgeschlossen, und Sie können Party feiern, wie Ihnen beliebt. Wenn Sie in der Nähe eines Badesees sind, ist ein erfrischendes, kühles Bad in der warmen Nacht sehr verführerisch.

Um ihren Kinderwunsch zu unterstützen, kann eine Frau einen Strauß Johanniskraut mit sich tragen, während sie durch ein Kornfeld geht.

Kinderwunsch

Da ich am Anfang erwähnte, dass diese Nacht speziell für Frauen, die gerne, aber nur schwer schwanger werden, besonders effektiv ist, möchte ich diesen Frauen hier noch raten, in der Nacht vom 21. Juni möglichst nackt durch eine blühende Blumenwiese oder einen Kornacker zu gehen und dabei ganz intensiv an das zukünftige Baby zu denken, so, als ob es schon da wäre.

Lammas

Das Lammasfest ist am 2. August. Dieses Fest ist der Göttin Habondias gewidmet. Sie ist die alte keltische Göttin des Reichtums und des Überflusses. Wir bitten bei dieser Gelegenheit die Göttin, uns an ihrem Überfluss teilhaben zu lassen. Diese Fülle beinhaltet nicht nur finanzielle Gaben, auch Gefühle, Liebe und Anteilnahme

sind damit gemeint. Der Zeitpunkt für das Lammasfest als Fest des Überflusses ist mit dem 2. August perfekt gewählt. Die Natur steht in voller Blüte, die Früchte sind reif, die Ähren auf den Feldern haben fast ihre Erntezeit erreicht. Diese Pracht der Natur ist kaum noch zu überbieten.

Vorbereitung

Die Anzahl der teilnehmenden Personen sollte entweder vier, 13 oder 22 betragen.
Suchen Sie sich für das Ritual einen schönen, ruhigen Ort, möglichst auf einer Anhöhe oder nahe am Wasser, an dem Sie nicht gestört werden und an dem Sie ein offenes Feuer entzünden können. Bereiten Sie vorher Sabbatkuchen und Hexenwein zu, notfalls tun es auch ein kräftiger Rotwein und ein einfacher Kuchen.

Mit dem Lammasfest werden seit alten Zeiten die Fülle und der Reichtum der Natur gefeiert, die uns Menschen mit allem Lebenswichtigen versorgt.

Musik

Um beim Ritual für die richtige Stimmung zu sorgen, benötigen Sie Musik. Entweder Sie bespielen eine Kassette mit Musik, die Sie selbst für geeignet halten, oder Sie benutzen meine extra dafür konzipierte Ritualmusik von der CD »Year of the Wicca«. Beginnen Sie mit »Prayer for Protection«, und spielen Sie dann den Song »Lammas« auf die Kassette. Ihn können Sie ein paar Mal hintereinander aufnehmen, je nachdem, wie lange Sie das Ritual durchführen

Mit dem Gang durch einen Kornacker zur Sommersonnenwende können Frauen ihren Kinderwunsch unterstützen.

möchten. Am Ende kommt das Stück »Finale« zur Verabschiedung der Wächter und der Göttin auf die Kassette.

Ritualort

Überprüfen Sie an Ihrem Ritualplatz die Positionen der einzelnen Himmelsrichtungen. Markieren Sie Süden, Westen und Norden im Abstand von entweder ca. vier oder 13 Metern mit jeweils einer großen Altarkerze. Wenn es windig ist, schützen Sie die Altarkerzen mit großen Kerzengläsern. Im Osten stellen Sie zwei Altarkerzen im Abstand von ca. einem Meter auf, als Eingang für die Ritualteilnehmer. Markieren Sie den restlichen Rand des Ritualkreises mit kleinen Teelichtern oder/und mit Partyfackeln, je nach Geschmack. In der Mitte des Kreises errichten Sie ein kleines Feuer.

Es ist nichts Unrechtes, sich materiellen Reichtum zu wünschen. Er steht jedem Menschen zu, solange damit anderen nichts weggenommen wird.

Altar

Im Osten, links vom Eingang, wird im Kreis der Altar aufgestellt. Dazu eignet sich ein kleiner Campingtisch mit einer schönen weißen oder grünen Tischdecke darüber und geschmückt mit Kornähren, Mohn, reifen Früchten, zwei weißen Altarkerzen und einer großen grünen Kerze. Dazu werden Kuchen und Wein gestellt. Für den Wein sollten Sie genügend Trinkbecher für alle Teilnehmer dabeihaben. Vor den Altar wird ein großer Kessel mit Wasser gestellt, der mit Ähren geschmückt wird. Zusätzlich benötigen Sie noch einen grünen Schal.

Durchführung des Rituals

Das Ritual beginnt um 23.00 Uhr. Zunächst betreten die Hohepriesterin und der Hohepriester, die vorher dazu bestimmt werden oder die Sie selbst und Ihr Partner sind, den Kreis. Mit einem Reisigbesen reinigt die Hohepriesterin zunächst den Kreis von schlechten Energien – symbolisch, sie muss nicht den ganzen Kreis komplett auskehren. Ebenfalls symbolisch schließt sie nun den Kreis mit einem Zauberstab oder einem Haselnusszweig, indem sie die Ränder damit abgeht. Nur das Tor im Osten bleibt noch offen.
Hohepriesterin und Hoherpriester bitten nun die Teilnehmer, einzeln in den Kreis zu treten; sie werden von der Hohepriesterin mit dem

dreifachen Kuss, auf die Stirn und auf beide Wangen, in Empfang genommen. Wenn alle Teilnehmer im Kreis sind, wird auch das Tor mit dem Haselnusszweig geschlossen. Nun setzt die Musik ein. Mit dem Lied »Prayer for Protection« werden die Wächter der einzelnen Himmelsrichtungen gerufen, um den Kreis zu beschützen. Die Hohepriesterin kann das aber auch selbst tun, indem sie ausruft:

Euros, Wächter des Ostens, der Luft,
wir rufen Dich,
komm herbei und schütze diesen Kreis.

Notus, Wächter des Südens, des Feuers,
wir rufen Dich,
komm herbei und schütze diesen Kreis.

Cephyrus, Wächter des Westens, des Wassers,
wir rufen Dich,
komm herbei und schütze diesen Kreis.

Boreas, Wächter des Nordens, der Erde,
wir rufen Dich,
komm herbei und schütze diesen Kreis.

Öffnet Eure Tore,
so dass die große Göttin Habondias
in unserer Mitte dem Ritual beiwohnen kann.

Sei willkommen,
große Göttin Habondias,
Göttin des Reichtums, des Überflusses und des Glücks.
Sei willkommen in unserer Mitte,
erhöre unsere Wünsche,
lass uns teilhaben an Deiner unendlichen Gnade,
schenke uns Gesundheit, Glück und Reichtum.

Eko, eko, Azarak,
eko, eko, Zamelak,
eko, eko, Karnayna,
eko, eko, Aradia.

Wenn jemand in der Runde keinen Wein mag, so kann ersatzweise auch Traubensaft getrunken werden. Die Wirksamkeit des Rituals wird davon nicht beeinträchtigt.

Auch diese Anrufung sollten Sie dreimal wiederholen. Nun ist der Kreis geschützt, und die Göttin ist bei Ihnen. Genießen Sie eine Weile das wunderbare Gefühl, sprechen Sie zur Göttin, tragen Sie ihr leise Sorgen und Wünsche vor, und besinnen Sie sich auf Ihre Spiritualität. Dazu vermittelt der Song »Lammas« genau die richtige Stimmung, aber wie bereits gesagt, können Sie auch jede andere passende Musik dazu auswählen.

Der grüne Schal symbolisiert den Reichtum. Unter Reichtum wird nicht nur materielle Fülle, sondern auch spirituelle Kraft verstanden.

Der grüne Schal

Der Hohepriester nimmt nun den grünen Schal an beiden Enden und versucht, die Hohepriesterin damit einzufangen. Sie aber weicht ihm immer wieder aus und lockt ihn so rund um das Feuer. Nach einiger Zeit lässt sie sich dann doch von ihm damit gefangen nehmen und sich einen Kuss abringen. Der Hohepriester gibt daraufhin den Schal an den nächsten Mann weiter, der dann auf die gleiche Weise versucht, die Dame seines Herzens zu gewinnen. Auch sie sträubt sich natürlich und weicht immer wieder aus, lockt, macht ihm Hoffnung und entwischt, bis sie sich schließlich einfangen lässt. Der Schal wird jeweils an den nächsten Mann weitergegeben, bis alle Paare an der Reihe waren.
Zum Schluss bekommt der Hohepriester noch einmal den Schal und fängt damit die Hohepriesterin ein. Die Hohepriesterin stellt sich dann am Wasserkessel auf, alle anderen Teilnehmer hinter ihr, an erster Stelle natürlich der Hohepriester. Sie nimmt ein Ährenbündel und taucht es in das Wasser. Sie segnet damit den Hohepriester, indem sie ihm das Bündel auf beide Schultern legt, zuerst auf die linke, dann auf die rechte, und dabei die Worte spricht: »Möge Habondias dich an all ihren Reichtümern, an ihrem Glück und ihrem Frieden teilhaben lassen.«

Der Ährensegen

Der Hohepriester nimmt daraufhin das Ährenbündel und segnet mit der gleichen Bewegung und den gleichen Worten wie die Hohepriesterin den nächsten Teilnehmer. Jeder bereits Gesegnete segnet den Nächstfolgenden, bis alle Ritualteilnehmer den Segen erhalten haben. Jetzt nimmt die Hohepriesterin den Ritualwein und den Sabbatkuchen und verteilt beides an die Feiernden.

Mit dem reifen Ährenbündel werden die Teilnehmer des Rituals zum Schluss gesegnet. Danach folgt der Dank an die Götter.

Das Ritual beschließen

Nun müssen die Göttin und die Wächter wieder entlassen werden. Dazu spielen sie das Lied »Finale« oder sprechen dreimal die Worte:

Möge die Göttin uns beschützen,
uns Frieden bringen und in Liebe über uns wachen.
Göttin Habondias,
wir entlassen Dich nun in der Hoffnung,
dass Du uns weiterhin begleitest.

Euros, Wächter des Ostens und der Luft,
wir danken Dir und entlassen Dich aus unserem Kreis.

Notus, Wächter des Südens und des Feuers,
wir danken Dir und entlassen Dich aus unserem Kreis.

Cephyrus, Wächter des Westens und des Wassers,
wir danken Dir und entlassen Dich aus unserem Kreis.

Boreas, Wächter des Nordens und der Erde,
wir danken Dir und entlassen Dich aus unserem Kreis.
Schließe Deine Tore.

Unser größter Reichtum ist unsere Gesundheit, denn ohne sie nützen alle Güter dieser Welt nichts. Deshalb sollte man den Wunsch nach einer guten Gesundheit nicht außer Acht lassen.

Eko, eko, Azarak,
eko, eko, Zamelak,
eko, eko, Karnayna,
eko, eko, Aradia.

Die Hohepriesterin öffnet den Kreis, indem sie mit dem Zauberstab den Kreis entgegen dem Uhrzeigersinn abgeht. Der offizielle Teil des Festes ist vorbei, und Sie können nun feiern, wie Sie möchten.

Herbstäquinoktium

Die Herbst-Tagundnachtgleiche oder das Herbstäquinoktium feiern wir am 23. September. Der festliche Anlass entspricht ungefähr unserem bekannten Erntedankfest. Die Ernte eines erfolgreichen, fruchtbaren Sommers ist eingefahren und wird uns den Winter über ernähren. Das Motto dieses Festes ist also: Danke, danke, danke! Neben der Danksagung können wir hier auch gleich um Schutz und Gesundheit für den härteren und kälteren Teil des Jahres bitten.

Es ist bei einem magischen Ritual nicht so wichtig, jedes Wort exakt auszusprechen. Es geht vielmehr darum, wirklich mit dem Herzen bei der Beschwörung zu sein.

Vorbereitung

Die Anzahl der teilnehmenden Personen sollte entweder acht oder 17 betragen. Wenn es das Wetter noch zulässt, sollte das Fest draußen in der Natur gefeiert werden. Ansonsten können Sie auch ein schönes, großes Zimmer entsprechend herrichten. Das große Feuer können Sie dann durch ein kleines Feuer in einem feuerfesten Kessel ersetzen. Wenn Sie aber in der Natur feiern, sorgen Sie für ein richtig großes Freudenfeuer.
Bei diesem Ritual bringt jeder Teilnehmer ein selbst zubereitetes Gericht mit, das ausschließlich mit Produkten aus der Natur hergestellt ist. Das heißt: Tiefkühlpizzas oder Fertiggerichte sind ausgeschlossen! Jeder Teilnehmer sorgt auch für ein passendes Getränk.

Musik

Um beim Ritual für die richtige Einstimmung zu sorgen, benötigen Sie Musik. Entweder Sie bespielen eine Kassette mit Musik, die Sie selbst für geeignet halten, oder Sie benutzen die extra konzipierte

Ritualmusik meiner CD »Year of the Wicca«. In diesem Fall ist es wichtig, zuerst das Stück »Prayer for Protection« auf die Kassette zu spielen, dann den Song »Autumn-Equinox«. Diesen letzten Song können Sie ein paar Mal hintereinander aufnehmen, je nachdem, wie lange Sie das Ritual durchführen möchten. Am Ende kommt das Stück »Finale« zur Verabschiedung der Wächter und der Göttin auf die Musikkassette.

Die Zahl Acht ist hier ein Symbol für die Vollendung. Sie bedeutet: Es ist vollbracht, das Überleben ist gesichert.

Ritualort

Überprüfen Sie an Ihrem Ritualplatz die Positionen der einzelnen Himmelsrichtungen. Markieren Sie Süden, Westen und Norden im Abstand von entweder ca. vier oder acht Metern mit jeweils einer großen Altarkerze. Wenn es windig ist, stellen Sie die Altarkerzen in große Kerzengläser. Im Osten stellen Sie zwei Altarkerzen im Abstand von ca. einem Meter auf, als Eingang für die Ritualteilnehmer. Markieren Sie den restlichen Rand des Ritualkreises mit kleinen Teelichtern oder/und mit Partyfackeln, je nach Geschmack. In der Mitte des Kreises errichten Sie ein kleines Feuer.

Altar

Im Osten, links vom Eingang, wird im Kreis der Altar aufgestellt. Als Altar eignet sich ein kleiner Campingtisch, über den eine weiße

Zu Erntedank ist es – wie der Name des Festes schon sagt – Zeit, Dank zu sagen für die Früchte der Natur.

oder grüne Tischdecke gebreitet wird. Stellen Sie eine große weiße Kerze auf den Altar. Der Altar und der gesamte Ritualplatz werden mit Ähren und reifen Früchten und Blumen geschmückt.

Die Ernte nach getaner Arbeit gibt uns nun die Freiheit, unser Leben in vollen Zügen zu genießen. Fangen Sie heute Abend damit an.

Durchführung des Rituals

Das Ritual beginnt unmittelbar nach Sonnenuntergang. Zunächst betreten die Hohepriesterin und der Hohepriester, die vorher dazu bestimmt werden oder die Sie selbst und Ihr Partner sind, den Kreis. Mit einem Reisigbesen reinigt die Hohepriesterin zunächst den Kreis von schlechten Energien – symbolisch, sie muss nicht den ganzen Kreis komplett auskehren. Ebenfalls symbolisch schließt sie nun den Kreis mit einem Zauberstab oder einem Haselnusszweig, indem sie die Ränder abgeht. Nur das Tor im Osten bleibt noch offen. Hohepriesterin und Hoherpriester bitten nun die Teilnehmer, einzeln in den Kreis zu treten; sie werden von der Hohepriesterin mit dem dreifachen Kuss, auf die Stirn und auf beide Wangen, in Empfang genommen. Wenn alle Teilnehmer im Kreis sind, wird auch das Tor mit dem Haselnusszweig geschlossen. Nun setzt die Musik ein. Mit dem Lied »Prayer for Protection« werden die Wächter der einzelnen Himmelsrichtungen gerufen, um den Kreis zu beschützen.
Die Hohepriesterin kann das aber auch selbst tun, indem sie dreimal hintereinander ausruft:

Euros, Wächter des Ostens, der Luft,
wir rufen Dich,
komm herbei und schütze diesen Kreis.

Notus, Wächter des Südens, des Feuers,
wir rufen Dich,
komm herbei und schütze diesen Kreis.

Cephyrus, Wächter des Westens, des Wassers,
wir rufen Dich,
komm herbei und schütze diesen Kreis.

Boreas, Wächter des Nordens, der Erde,
wir rufen Dich,
komm herbei und schütze diesen Kreis.

Öffnet Eure Tore,
so dass die große Göttin Aradia
und der große Gott Karnayna
in unserer Mitte dem Ritual beiwohnen können.

Sei willkommen,
große Göttin Aradia,
die Du in Wahrheit Diana bist,
wir danken Dir für die Fülle Deiner Gaben.
Sei willkommen in unserer Mitte.

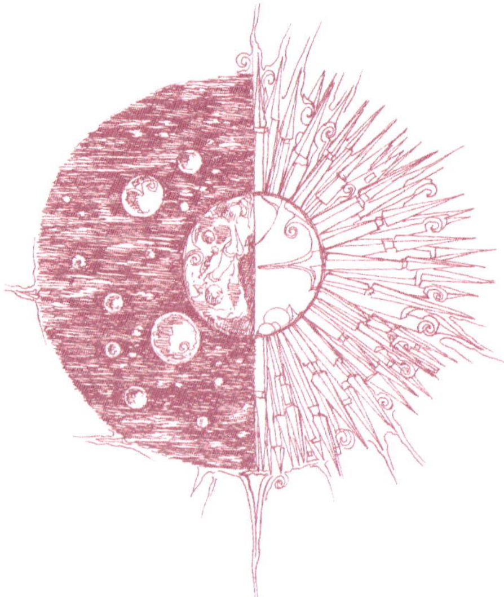

Willkommen sei auch Du,
großer Gott Karnayna,
der Du in Gerechtigkeit über uns wachst,
gib uns Deine Stärke und Deine Kraft.
Sei willkommen in unserer Mitte.

Eko, eko, Azarak,
eko, eko, Zamelak,
eko, eko, Karnayna,
eko, eko, Aradia.

Nun ist der Kreis geschützt, und die Göttin und der Gott sind bei Ihnen. Genießen Sie eine Weile dieses wunderbare Gefühl, und besinnen Sie sich auf Ihre Spiritualität. Dazu vermittelt der Song »Autumn-Equinox« genau die richtige Stimmung, Sie können aber auch jede andere passende Musik dazu auswählen. Die Hohepriesterin tritt nun an den Altar und spricht zur Göttin:

Heißen Sie nun auch die Zeit willkommen, die durch ihre Dunkelheit Gelegenheit gibt, in sich zu kehren und die Spiritualität zu fördern.

Große Göttin Aradia,
die Du in Wahrheit Diana bist,
wir danken Dir von ganzem Herzen
für die reichhaltige Ernte dieses Jahres.
Tag und Nacht sind nun gleich,
Licht und Dunkelheit, Geburt und Tod,
Frau und Mann, Bewegung und Stillstand
im Gleichgewicht.
Doch alles bewegt sich weiter im ewigen Kreislauf,
und Du drehst das Rad des Schicksals.

Das Erntedankritual richtet sich an die Göttin Diana, auch Aradia genannt.

Gewähre uns Glück, Gesundheit und Schutz
für die dunkleren Tage
und begleite uns durch die Kälte,
bis dass Du von neuem Deine ganze Kraft entfaltest,
und die Saat Deines Schoßes wieder aufgehen lässt.
Segne die Gaben für unser Fest und
habe teil an unserer Freude.
So lasset uns jetzt feiern und die Früchte
der großen Göttin genießen.

Damit ist das Buffet eröffnet. Feiern Sie ein zwangloses Fest innerhalb des Kreises. Jeder isst und trinkt, was ihm behagt, und tanzt um das Feuer, bis er vor Müdigkeit umfällt.

Genießen Sie den Duft des Herbstes, das abnehmende Licht und die Ruhe der sich zurückziehenden Natur.

Das Ritual beschließen

Zum Schluss des Rituals müssen die Göttin, der Gott und die Wächter der Tore wieder entlassen werden. Dazu können Sie entweder das Lied »Finale« spielen oder auch selbst dreimal die Worte sprechen:

Mögen die Göttin und der Gott uns beschützen,
große Göttin Aradia, großer Gott Karnayna,
wir entlassen Euch nun aus unserem Kreis
und danken Euch für Eure Teilnahme.

Euros, Wächter des Ostens und der Luft,
wir danken Dir und entlassen Dich aus unserem Kreis.

Notus, Wächter des Südens und des Feuers,
wir danken Dir und entlassen Dich aus unserem Kreis.

Cephyrus, Wächter des Westens und des Wassers,
wir danken Dir und entlassen Dich aus unserem Kreis.

Boreas, Wächter des Nordens und der Erde,
wir danken Dir und entlassen Dich aus unserem Kreis.
Schließe Deine Tore.

Eko, eko, Azarak,
eko, eko, Zamelak,
eko, eko, Karnayna,
eko, eko, Aradia.

Die Hohepriesterin öffnet nun den Kreis wieder, indem sie mit dem Zauberstab den Kreis entgegen dem Uhrzeigersinn abgeht. Die Teilnehmer können den Kreis durch den Eingang im Osten verlassen.

Denken Sie daran, das Herbstäquinoktium ist wahrscheinlich die letzte Gelegenheit, ein Fest draußen im Freien bei angenehmen Temperaturen zu feiern.

Samhain

Samhain am 31. Oktober ist einer der wichtigsten Hexensabbate im Jahreslauf. Es ist das Silvesterfest der Hexen. Das alte Jahr geht zu Ende, wir feiern den Beginn des neuen Jahres. Es ist die Zeit, neue magische Energien und Kräfte zu tanken und junge Hexen in die Mysterien einzuweihen und zu initiieren. Die Ritualgegenstände werden neu aufgeladen. Zudem halten wir kritische Rückschau auf das vergangene Jahr und versuchen, unsere Fehler und unrechte Handlungen einzugestehen und wieder gutzumachen.

Zeit der Ahnen

In Nordamerika sind Tag und Nacht vor dem 1. November als Halloween bekannt. Irische Einwanderer brachten die Vorstellung von einer ganz besonderen Nacht der Geister, in der die Toten mit

den Lebenden kommunizieren und auch die Lebenden in Totengewänder steigen, mit in die Neue Welt. Samhain ist in der Hexentradition auch die Nacht, in der die Möglichkeit besteht, sehr leicht mit verstorbenen Ahnen in Kontakt zu treten. Ein solches Ritual ist allerdings in der hier vorgestellten Art des Samhainrituals nicht vorgesehen.

Vorbereitung

Die Anzahl der teilnehmenden Personen sollte entweder sieben oder 16 betragen.
Richten Sie nach Möglichkeit ein Zimmer her, das groß genug ist, um einen entsprechend großen Kreis um alle Teilnehmer zu ziehen. Einen Durchmesser von mindestens vier Metern sollte der Kreis haben. Bereiten Sie einige Tage vor dem Ritual den klassischen Hexenwein und den Sabbatkuchen zu.

Samhain ist das magischste aller Hexenfeste. Das Tor zur anderen Welt steht heute weit offen. Wir können in Kontakt mit den Seelen Verstorbener treten.

Musik

Um beim Ritual für die richtige Stimmung zu sorgen, benötigen Sie Musik. Entweder Sie bespielen eine Kassette mit Musik, die Sie selbst für geeignet halten, oder Sie benutzen meine CD »Year of the Wicca«. In diesem Fall ist es wichtig, zuerst das Stück »Prayer for Protection« auf die Kassette zu spielen, dann den Song »Samhain«. Diesen Song können Sie ein paar Mal hintereinander aufnehmen, je nachdem, wie lange Sie das Ritual durchführen möchten. Am Ende kommt das Stück »Finale« zur Verabschiedung der Wächter und der Göttin auf die Samhainkassette.

Ritualort

Überprüfen Sie in Ihrem Ritualzimmer die Positionen der einzelnen Himmelsrichtungen. Markieren Sie Süden, Westen und Norden im Abstand von ca. vier Metern mit jeweils einer großen Altarkerze. Im Osten stellen Sie zwei Altarkerzen im Abstand von ca. einem Meter auf, als Eingang für die Ritualteilnehmer. Markieren Sie den restlichen Rand des Ritualkreises mit kleinen Teelichtern. In der Mitte des Kreises stellen Sie einen Kessel mit mehreren Holzkohlestücken auf.

Altar

Im Osten, links vom Eingang, wird im Kreis der Altar aufgestellt. Dazu eignet sich gut ein ganz normaler Tisch mit einer schönen schwarzen Tischdecke darüber und einer großen weißen und einer schwarzen Altarkerze darauf. Der Altar wird mit Nüssen, Tannenzweigen und Tannenzapfen sowie Äpfeln geschmückt. Dazu stellen Sie den Hexenwein, den Sabbatkuchen und einen Kessel Wasser. Jeder Teilnehmer bringt seine persönlichen Ritualgegenstände und seine Talismane mit.

An Samhain wird die Weihe von Ritualgegenständen und Talismanen erneuert. Auch die Talismane Ihrer Kinder können Sie bei diesem Ritual wunderbar neu aufladen.

Durchführung des Rituals

Das Ritual beginnt unmittelbar nach Sonnenuntergang. Zunächst betreten die Hohepriesterin und der Hohepriester, die vorher dazu bestimmt werden oder die Sie selbst und Ihr Partner sind, den Kreis. Mit einem Reisigbesen reinigt die Hohepriesterin zunächst den Kreis von schlechten Energien – symbolisch, sie muss nicht den ganzen Kreis komplett auskehren. Ebenfalls symbolisch schließt sie nun den Kreis mit einem Zauberstab oder einem Haselnusszweig, indem sie die Ränder abgeht. Nur das Tor im Osten bleibt noch offen.
Hohepriesterin und Hoherpriester bitten nun die Teilnehmer, einzeln in den Kreis zu treten; sie werden von der Hohepriesterin mit dem dreifachen Kuss, auf die Stirn und auf beide Wangen, in Empfang

Zu Samhain, wenn das Licht schon weniger geworden ist, strahlt der Ritualkreis eine ganz besondere Macht und Wärme aus.

genommen. Wenn alle Teilnehmer im Kreis sind, wird auch das Tor mit dem Haselnusszweig geschlossen. Nun setzt die Musik ein. Mit dem Lied »Prayer for Protection« werden die Wächter der einzelnen Himmelsrichtungen gerufen, um den Kreis zu beschützen. Die Hohepriesterin kann das aber auch selbst tun, indem sie – mit dreimaliger Wiederholung – ausruft:

Euros, Wächter des Ostens, der Luft,
wir rufen Dich,
komm herbei und schütze diesen Kreis.

Notus, Wächter des Südens, des Feuers,
wir rufen Dich,
komm herbei und schütze diesen Kreis.

Wenn der Kreis nicht richtig geschützt wird, können durch die Anrufung auch andere unliebsame Kräfte in den Kreis eindringen.

Cephyrus, Wächter des Westens, des Wassers,
wir rufen Dich,
komm herbei und schütze diesen Kreis.

Boreas, Wächter des Nordens, der Erde,
wir rufen Dich,
komm herbei und schütze diesen Kreis.

Öffnet Eure Tore,
so dass die große Göttin Aradia
und der große Gott Karnayna
in unserer Mitte dem Ritual beiwohnen können.

Sei willkommen,
große Göttin Aradia,
die Du in Wahrheit Diana bist,
gib uns Deinen Segen und wohne unserem Ritual bei.
Sei willkommen in unserer Mitte.

Willkommen sei auch Du,
großer Gott Karnayna,
der Du Deine schützende Hand über uns hältst
und der Du wachst in der Dunkelheit.
Sei willkommen in unserer Mitte.

Eko, eko, Azarak,
eko, eko, Zamelak,
eko, eko, Karnayna,
eko, eko, Aradia.

Nun ist der Kreis geschützt, und die Göttin und der Gott sind bei Ihnen. Genießen Sie eine Weile dieses wunderbare Gefühl, und besinnen Sie sich auf Ihre Spiritualität. Dazu vermittelt der Song »Samhain« die richtige Stimmung, aber wie bereits gesagt, können Sie auch jede andere passende Musik dazu auswählen. Alle Teilnehmer legen ihre mitgebrachten Ritualgegenstände und Talismane auf den Altar. Die Hohepriesterin tritt nun davor und hebt ihre Hände mit den Handflächen nach oben gen Himmel. Sie spricht:

Verabschieden Sie das alte Jahr mit guten Gefühlen. Denken Sie daran, dass auch das Schlechte, das Sie erlebt haben, etwas Gutes bringen wird.

Große Göttin Aradia,
wir haben uns hier versammelt,
um mit Dir und mit dem großen Gott Karnayna
das alte Jahr zu besiegeln,
in uns zu gehen und
frohen Mutes mit Dir in die Zukunft zu schauen.
Das Alte wird im Guten abgeschlossen,
wir möchten nun unsere Kräfte neu aufladen
und bitten Dich um Deinen Segen.
Gib uns die Kraft, mutig voranzuschreiten,
segne uns mit Güte und Liebe.
Segne auch unsere mitgebrachten magischen Werkzeuge,
so dass sie auch im kommenden Jahr
Deinen Geist durch uns weitergeben.

Große Göttin Aradia,
gib uns Deinen Segen.

Die Holzkohle im Kessel sollte nun bereits glühen. Die Hohepriesterin gibt nun eine Mischung aus Theas Reinigungsräucherung, Frankincence- und Magic-Powder-Räucherung auf die Kohle. Sie nimmt jeden einzelnen Ritualgegenstand, führt ihn über die weiße und die schwarze Altarkerze, durch das Wasser und über die Räucherung und gibt ihn an den Besitzer zurück, so dass dieser mit der Energie seiner Hände die Aufladung manifestiert.

Bekennen der Fehler

Sind alle Ritualgegenstände geweiht und ihrem Besitzer übergeben, sitzen alle Teilnehmer im Kreis um den Kessel mit der Räucherung und erzählen sich gegenseitig, welche Fehler und welche Schandtaten sie in diesem Jahr begangen haben, und teilen gleichzeitig mit, wie sie sie wieder gutmachen möchten. Nachdem jeder seine Missetaten bekannt hat, verteilt die Hohepriesterin den Hexenwein und den Sabbatkuchen.

Seien Sie beim Erzählen der Missetaten auch ehrlich und aufrichtig zu sich selbst, denn nur innere Überzeugung bringt Sie weiter.

Das Ritual beschließen

Zum Schluss müssen die Göttin, der Gott und die Wächter der Tore wieder entlassen werden. Dazu können Sie entweder das Lied »Finale« spielen oder auch selbst dreimal die Worte sprechen:

Mögen die Göttin und der Gott uns beschützen,
große Göttin Aradia, großer Gott Karnayna,
wir entlassen Euch nun aus unserem Kreis
und danken Euch für Eure Teilnahme
und für Euren Segen.

Euros, Wächter des Ostens und der Luft,
wir danken Dir und entlassen Dich aus unserem Kreis.

Notus, Wächter des Südens und des Feuers,
wir danken Dir und entlassen Dich aus unserem Kreis.

Cephyrus, Wächter des Westens und des Wassers,
wir danken Dir und entlassen Dich aus unserem Kreis.

Boreas, Wächter des Nordens und der Erde,
wir danken Dir und entlassen Dich aus unserem Kreis.
Schließe Deine Tore.

Eko, eko, Azarak,
eko, eko, Zamelak,
eko, eko, Karnayna,
eko, eko, Aradia.

Die Hohepriesterin öffnet nun den Kreis, indem sie mit dem Zauberstab den Kreis entgegen dem Uhrzeigersinn abgeht. Die Teilnehmer können den Kreis durch den Osteingang wieder verlassen.

Wintersonnenwende

Die Wintersonnenwende wird am 21. Dezember gefeiert. Die Dunkelheit hat an diesem Tag den größten Sieg über das Licht erreicht, die längste Nacht des Jahres ist angebrochen. Das bedeutet aber auch, dass es von nun an aufwärts geht. Das Licht, die Sonne werden wieder stärker und besiegen die Dunkelheit.

Feiern, essen und trinken Sie nach dem Ritual; das hilft, um wieder auf den Boden der Tatsachen zu kommen.

Rückkehr des Lichts

Es ist die Wiedergeburt der Sonne. Die Dunkelheit wird weichen müssen und dem Licht, der Fruchtbarkeit und dem Wachstum Raum geben. Es ist auch das Fest der Erleuchtung, denn nicht nur in der Natur geht wieder ein Licht auf, sondern auch in unseren Herzen und Seelen macht sich ein Stück Erhellung der Mysterien breit. Die Wintersonnenwende kurz vor Weihnachten ist also ein sehr stilles und meditatives Ritual. Es ist nun an der Zeit, auch an unsere Kinder zu denken. Bei diesem Wintersonnenwendritual sollten sie

Ein gutes Stück ist nun geschafft. Der kürzeste Tag des Jahres liegt hinter den Menschen, nun kehrt langsam das Licht zurück.

dabei sein und gesegnet werden, so dass sie geschützt und mit guten Wünschen versehen weitergehen können. Es ist auch der Tag der Familie, um deren Schutz wir nun bitten möchten. Machen wir uns ans Werk.

Vorbereitung

Die Anzahl der teilnehmenden Personen sollte entweder drei, neun, zwölf, 18 oder 21 betragen.
Bereiten Sie ein Zimmer vor, das groß genug ist, um einen entsprechend großen Kreis für alle Teilnehmer zu ziehen. Einen Durchmesser von mindestens vier Metern sollte der Kreis haben. Bereiten Sie einige Tage vor dem Ritual den klassischen Hexenwein und den Sabbatkuchen zu. Für die Kinder stellen Sie ein entsprechendes Getränk aus rotem Trauben- oder Johannisbeersaft bereit.

Zur Wintersonnenwende feiern wir auch die Wiedergeburt der Göttin Lucina. Von nun an gewinnt das Licht wieder an Stärke.

Musik

Um beim Ritual für die richtige Stimmung zu sorgen, benötigen Sie Musik. Entweder Sie bespielen eine Kassette mit Musik, die Sie selbst für geeignet halten, oder Sie benutzen meine dafür konzipierte Ritualmusik von der CD »Year of the Wicca«. Überspielen Sie unbedingt zuerst das Stück »Prayer for Protection« auf eine Kassette, dann den Song »Winter-Equinox«. Diesen Song können Sie ein paar Mal hintereinander aufnehmen, je nachdem, wie lange Sie das Ritual durchführen möchten. Am Ende kommt das Stück »Finale« zur Verabschiedung der Wächter und der Göttin auf die Wintersonnwendkassette.

Ritualort

Überprüfen Sie in Ihrem Ritualzimmer die Positionen der einzelnen Himmelsrichtungen. Markieren Sie Süden, Westen und Norden im Abstand von ca. vier Metern mit jeweils einer großen Altarkerze. Im Osten stellen Sie zwei Altarkerzen im Abstand von ca. einem Meter auf, als Eingang für die Ritualteilnehmer. Markieren Sie den restlichen Rand des Ritualkreises mit kleinen Teelichtern. In der Mitte des Kreises stellen Sie einen Kessel mit mehreren Holzkohlestücken auf.

Altar

Im Osten, links vom Eingang, wird im Kreis der Altar aufgestellt. Dazu eignet sich sehr gut ein ganz normaler Tisch, über den eine schöne weiße oder gelbe Tischdecke gebreitet wird. Stellen Sie eine große weiße und eine gelbe Altarkerze darauf. Wenn möglich, sollte für jedes Kind ein Schildkrötenanhänger bereitliegen. Als rituelle Speise stellen Sie dazu den Hexenwein, den Sabbatkuchen und einen Kessel gefüllt mit Wasser. Für Kinder sollte der Hexenwein selbstverständlich keinen Alkohol enthalten.

Dieses Fest der Familie bewahrt auch das Andenken an verstorbene Familienmitglieder. Wünschen Sie ihnen Ruhe und Frieden.

Durchführung des Rituals

Das Ritual beginnt bereits unmittelbar nach Sonnenuntergang. Zunächst betreten die Hohepriesterin und der Hohepriester, die vorher bestimmt werden oder die wiederum Sie selbst und Ihr Partner sind, den Kreis.
Mit einem Reisigbesen reinigt die Hohepriesterin zunächst den Kreis von schlechten Energien – symbolisch, sie muss nicht den ganzen Kreis komplett auskehren. Ebenfalls symbolisch schließt sie nun den Kreis mit einem Zauberstab oder einem Haselnusszweig, indem sie die Ränder damit abgeht. Nur das Tor im Osten bleibt noch offen. Hohepriesterin und Hoherpriester bitten nun die Teilnehmer, einzeln in den Kreis zu treten; sie werden von der Hohepriesterin mit dem dreifachen Kuss, auf die Stirn und auf beide Wangen, in Empfang genommen.
Wenn alle Teilnehmer im Kreis sind, wird auch das Tor mit dem Haselnusszweig geschlossen. Nun setzt die Musik ein. Mit dem Lied »Prayer for Protection« werden die Wächter der einzelnen Himmelsrichtungen gerufen, um den Kreis zu beschützen. Die Hohepriesterin kann das aber auch selbst tun, indem sie dreimal ausruft:

Euros, Wächter des Ostens, der Luft,
wir rufen Dich,
komm herbei und schütze diesen Kreis.

Notus, Wächter des Südens, des Feuers,
wir rufen Dich,
komm herbei und schütze diesen Kreis.

Versuchen Sie auch einmal, die Anrufung der Wächter und der Göttinnen und des Gottes mit eigenen Worten zu sprechen.

Cephyrus, Wächter des Westens, des Wassers,
wir rufen Dich,
komm herbei und schütze diesen Kreis.

Boreas, Wächter des Nordens, der Erde,
wir rufen Dich,
komm herbei und schütze diesen Kreis.

Öffnet Eure Tore,
so dass die große Göttin Aradia,
die Göttin des Lichts, Lucina,
und der große Gott Karnayna
in unserer Mitte dem Ritual beiwohnen können.

Sei willkommen,
große Göttin Aradia,
die Du in Wahrheit Diana bist,
gib uns Deinen Segen und wohne unserem Ritual bei.
Sei willkommen in unserer Mitte.

Willkommen sei auch Du,
große Göttin Lucina,
Herrin des Lichtes,
wir feiern heute Deine Wiedergeburt
und heißen Dich dazu herzlich willkommen.

Willkommen auch Du,
großer Gott Karnayna,
der Du Deine schützende Hand über uns hältst.
Sei willkommen in unserer Mitte.

Eko, eko, Azarak,
eko, eko, Zamelak,
eko, eko, Karnayna,
eko, eko, Aradia.

Mit dieser Anrufung ist der Kreis geschützt, und Sie können die Anwesenheit der Götter spüren. Genießen Sie dieses mächtige Gefühl, und besinnen Sie sich auf Ihre Spiritualität, und versenken

Sie sich in die reiche Welt Ihres Inneren. Dazu passt »Winter-Equinox« von der CD »Year of the Wicca« oder eine andere Musik, die Sie für passend halten.
Dann wird die Holzkohle entzündet und gewartet, bis sie richtig glüht. Die Hohepriesterin bereitet nun eine Räuchermischung zu aus Theas Fortuna-Räucherung, Doves-Blood-Räucherung und Angel-Räucherung. Sie stellt sich vor den Altar, hebt die Hände mit den Handflächen nach oben gen Himmel und bittet um den göttlichen Segen:

Große Göttin Aradia,
die Du in Wahrheit Diana bist,
wohne unserem Ritual bei
und gib uns Deinen Segen,
vor allem für unsere Kinder möchten wir heute bitten.
Beschütze sie auf allen ihren Wegen,
zeige ihnen die Wahrheit und die Schönheit Deiner Welt,
gib ihnen Kraft und Mut für ein besseres Leben
und hab Deine schützende Hand über unseren Familien,
damit die Kinder in Frieden und Harmonie wachsen können.

Kinder sind unsere Zukunft. Geben Sie ihnen in diesem Ritual auch die Kraft mit, diese Zukunft mit uns aufzubauen.

Große Göttin Lucina,
deren Wiedergeburt wir heute feierlich begehen,
führe unsere Kinder ins Licht,
zeige ihnen die schönen Seiten unserer Welt,
lass für sie immer die Sonne scheinen.

Großer Gott Karnayna,
Dein Schutz stärkt die Seelen unserer Kinder.
Zeige ihnen Deine Stärke und
gib ihnen Deine Ausdauer,
so dass sie alle Klippen dieses Lebens
mit Sicherheit meistern.

Große Göttin Aradia,
große Göttin Lucina,
großer Gott Karnayna,
segnet bitte auch diese kleinen Schildkröten,
damit sie unsere Kinder mit ihrem schützenden Panzer umgeben,

sie sind unsere und auch Eure Zukunft,
gebt ihnen all Eure Kraft.
Sella!

Die Hohepriesterin gibt nun die Räuchermischung auf die Holzkohle und nimmt die Schildkrötenamulette, führt sie über die Kerzen, durch das Wasser in dem Kessel und über den Rauch der Räucherung. Jedes Kind erhält eines dieser Amulette. Alle sitzen nun im Kreis um den Räucherkessel herum, fassen sich an den Händen und geben sich gegenseitig Energie weiter – immer von links nehmend und nach rechts gebend. Konzentrieren Sie sich darauf, wie diese gute, positive und helle Energie durch Sie hindurchfließt und weitergegeben wird. Nach ein paar Minuten steht die Hohepriesterin wieder auf und verteilt den Kuchen, den Wein und den Saft an alle.

Als Schutztalisman für Ihr Kind eignet sich neben der Schildkröte auch der Delphin. Er beschützt alle Hilflosen und gerade diejenigen, die besonders viel Schutz benötigen.

Das Ritual beschließen

Zum Schluss des Wintersonnwendrituals müssen die Göttinnen, der Gott und die Wächter der Tore wieder entlassen werden. Spielen Sie das Lied »Finale«, oder sprechen Sie dreimal folgende Worte:

Mögen die Göttin und der Gott uns beschützen,
große Göttin Aradia, große Göttin Lucina, großer Gott Karnayna,
wir entlassen Euch nun aus unserem Kreis
und danken Euch für Eure Teilnahme
und für Euren Segen.

Euros, Wächter des Ostens und der Luft,
wir danken Dir und entlassen Dich aus unserem Kreis.

Notus, Wächter des Südens und des Feuers,
wir danken Dir und entlassen Dich aus unserem Kreis.

Cephyrus, Wächter des Westens und des Wassers,
wir danken Dir und entlassen Dich aus unserem Kreis.

Boreas, Wächter des Nordens und der Erde,
wir danken Dir und entlassen Dich aus unserem Kreis.
Schließe Deine Tore.

Eko, eko, Azarak,
eko, eko, Zamelak,
eko, eko, Karnayna,
eko, eko, Aradia.

Die Hohepriesterin öffnet nun den Kreis wieder, indem sie mit dem Zauberstab den Kreis entgegen dem Uhrzeigersinn abgeht. Die Teilnehmer können den Kreis nun durch den Eingang im Osten wieder verlassen.

Während Sie sich an den Händen halten, geben Sie sich ganz und gar dieser fließenden Energie hin. Eine tiefe Wärme wird Sie durchströmen.

Symbole des Lebens

Die Hexenfeiertage haben in der alten Tradition den gleichen Stellenwert wie heute in der christlichen Kirche das Oster- oder das Weihnachtsfest.
Bei den Hexensabbaten geht es hauptsächlich darum, den mystischen Kreislauf des Jahres mit seinen immer wiederkehrenden Rhythmen und damit auch des Lebens entsprechend zu ehren und zu würdigen. Die Götter und Göttinnen sind Symbole für Fruchtbarkeit, Wachstum und Weisheit der Erde. Gehen Sie daher stets mit dem nötigen Respekt und der nötigen Andacht in die Rituale, und freuen Sie sich, die große Kraft und die fließende Energie der Götter und Göttinnen zu spüren.

Kinder stehen für Zukunft, Kraft und unbändige Lebensfreude. Schließen Sie sie stets mit in die Rituale ein. Sie benötigen ganz besonderen Schutz.

Tarot und die Zukunft

Um unser Äußeres zu betrachten, schauen wir in den Spiegel. Wenn wir in die Tarotkarten sehen, können wir die Bilder unserer Seele betrachten. Da in jeder einzelnen Seele das Wissen der ganzen Welt gespeichert ist, erkennen wir auf diese Art, welche Möglichkeiten und Wege die Zukunft uns bietet.

Oft ist es die bessere Wahl, einen anderen Menschen zu bitten, die Karten zu legen, besonders wenn man sich nicht ganz sicher ist, ob man das Ergebnis wirklich hören will.

Magische Ratgeber

Die Tarotkarten zeigen nicht die festgelegte, unabänderliche Zukunft, sondern dienen als Ratgeber, die Gefahren und positive Entwicklungsmöglichkeiten aufzeigen. Erste Vorbedingung für richtiges Kartenlegen ist die absolute Objektivität gegenüber sich selbst. Man läuft leicht Gefahr, die Kartenbilder so zu deuten, dass ein möglichst positives Ergebnis herauskommt; dabei werden aber die Warnungen, die in den Karten auch zum Ausdruck kommen, willentlich übersehen.

Vorbereitung

Zur Vorbereitung sollten Sie daher zunächst versuchen – eventuell mittels Entspannungsübungen –, in Einklang mit sich selbst zu gelangen. Seien Sie sich bewusst, dass auch »schlechte« Karten Ihnen etwas Positives mit auf den Weg geben wollen. Zünden Sie sich zum Kartenlegen eine Kerze an, um eine stimmungsvolle Atmosphäre zu schaffen. Schütteln Sie Ihre Hände aus, um Spannungen abzubauen und die Energie leichter fließen zu lassen.

Für und wider Crowley

An dieser Stelle möchte ich einige Anmerkungen zu meinen Lieblingskarten, dem Crowley-Tarot, einflechten. Es gibt Menschen, die sich wundern, warum ich ausgerechnet mit den Crowley-Tarotkarten arbeite. Das liegt am schlechten Ruf ihres Schöpfers. Denn Aleister Crowley war ein englischer Magier, der von Anfang bis Mitte dieses Jahrhunderts gewirkt und zum großen Teil einen recht

Bild links:
Eine der vielen Möglichkeiten, dem Leben »in die Karten zu schauen«, ist das Tarot. Die Bedeutung der einzelnen Karten wird im Folgenden vorgestellt.

negativen Eindruck hinterlassen hat. Die Kritik an ihm ist bis heute nicht verstummt. Es stimmt, dass er sich auf einige boshafte und machtorientierte magische Spielchen eingelassen hat. Was man Crowley allerdings zugute halten muss, ist, dass er nie einen Hehl aus seiner Passion gemacht hat und immer offen und ehrlich damit umging.

Das Crowley-Tarot

Und natürlich muss man ihm zugute halten, dass seine Tarotkarten ihren Zweck sehr gut erfüllen. Die von ihm entwickelten Tarotkarten sind einfach und klar. Sie symbolisieren keine Traumwelt, sondern stellen einen wirklichen Spiegel unserer Lebensinhalte dar. Mir persönlich ist Ehrlichkeit das wichtigste Gut. Ehrlichkeit bedeutet auch Offenheit, und genau dadurch werden Diskussionen angeregt und Meinungen gebildet.

Bevor Sie mit dem Tarotkartenlegen beginnen, suchen Sie sich Ihre persönlichen Karten genau aus. Jeden Menschen spricht eine andere Symbolik an.

Wir leben nicht in einer Welt, in der Friede und Freude herrschen. Das Böse auszumerzen wird auf absehbare Zeit eine Illusion bleiben. Aber Ehrlichkeit und gesunde Selbstsicht helfen uns schon einen entscheidenden Schritt weiter. Es gibt weder Gut noch Böse, es ist immer eine Frage der Relationen und der Chancen, die sich aus dem scheinbar »Guten« oder offensichtlich »Bösen« ergeben. Oft kann auch das Böse oder Schlimme im Leben ein Wegweiser sein, in welche Richtung wir uns fortbewegen sollen, und kann helfen, die richtigen Entscheidungen zu treffen. Mit den Crowley-Karten ist genau dies möglich, und deshalb sehe ich in ihnen das Spiegelbild der Realitäten: das, was wir sehen müssen, das, was wir hoffen, und das, was wir fürchten. Nichtsdestotrotz können die folgenden Interpretationen genauso gut für andere Tarotkarten gelten.

Umgang mit Tarotkarten

Mischen Sie die Karten richtig durch, und denken Sie dabei daran, welche Aspekte Ihrer Zukunft Ihnen besonders wichtig sind. Legen Sie die Karten in drei Stapeln auf den Tisch. Suchen Sie sich nun mit der linken Hand den Stapel heraus, der Ihnen am angenehmsten ist. Von diesem Stapel nehmen Sie die Karten von oben und legen das Kartenbild, das auf der folgenden Seite abgebildet ist.

Nun wissen Sie, wie Sie mit den Karten umgehen können, aber noch nichts über die Deutung der geheimnisvollen Karten. Deshalb folgt hier eine Erklärung der Tarotkarten. Zur Deutung des gelegten Kartenbildes können Sie nachstehend die Zuordnungen der einzelnen Positionen im Bild ablesen.

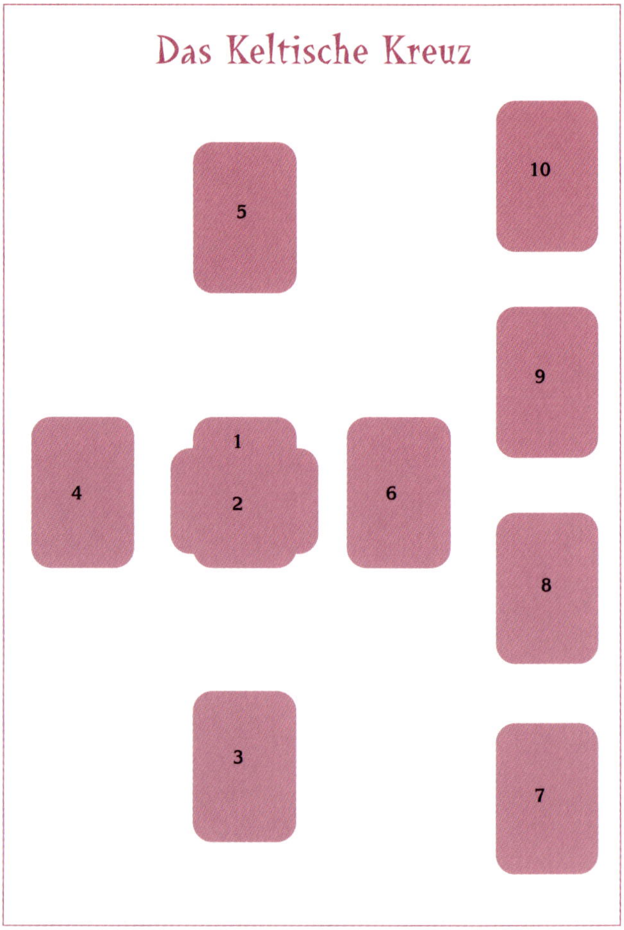

Beim keltischen Kreuz kann man einen Blick auf die Vergangenheit, die Gegenwart und die Zukunft werfen.

1. Karte gekreuzt mit der **2. Karte**
Diese Konstellation zeigt Ihre momentane Situation und sagt Ihnen, welche Kräfte gerade in Ihnen vorherrschen. Die beiden Karten können sich gegenseitig ergänzen oder behindern.

3. Karte
Die dritte Karte beschreibt, was gerade Neues in Ihnen entsteht. Was beginnt in Ihnen zu arbeiten, welche neuen Ideen keimen in Ihnen auf? Auch über die Zukunft erfahren Sie etwas: Diese Konstellation gibt Hinweise, welche Ansichten sich in Ihnen manifestieren.

4. Karte
Hier erfahren Sie, was Sie eigentlich schon wissen, aber nicht oder noch nicht wahrhaben wollen. Diese Kartenkonstellation stellt all das dar, was Sie mit Füßen treten, damit es nicht wachsen kann.

5. Karte
Diese Karte zeigt Ihnen das gerade Vergangene, das bereits Abgeschlossene und alles, wovon Sie sich schon verabschiedet haben.

6. Karte
Hier erhalten Sie Informationen über die nahe bevorstehende Zukunft, über die Dinge und Ereignisse, die unmittelbar und konkret vor Ihnen liegen.

Das keltische Kreuz ist eine der ältesten Legearten. Es gibt hauptsächlich Auskunft über Möglichkeiten und Chancen in der Zukunft.

7. Karte
Hier werden die allgemeinen äußeren Einflüsse erklärt, die Ihre geplanten Vorhaben und Ihre künftige Entwicklung beeinflussen. Je nach Karte wird Ihre zukünftige Entwicklung entweder gefördert oder behindert.

8. Karte
An dieser Stelle erfahren Sie etwas über das Verhalten Ihrer Mitmenschen und erhalten Anweisungen, worauf Sie beim Umgang mit ihnen achten sollten.

9. Karte
Diese Karte spiegelt Ihre eigenen Ängste und Hoffnungen wider. Achten Sie in diesem Zusammenhang auf Befürchtungen, die es auf jeden Fall zu überwinden gilt.

Die Karten der Großen Arkana geben immer Hauptströmungen an, die der Kleinen Arkana mehr die Feinheiten und Differenzierungen.

10. Karte
Dies ist die Schlüsselkarte für Ihre Zukunft. Wenn Sie den Rat, den Ihnen diese Karte gibt, befolgen, kann eigentlich nichts mehr schief gehen.

Bedeutung der Tarotkarten

Ein Kartenset besteht aus 78 Karten: 22 Karten der Großen Arkana, den Hauptkarten des Spiels, und 56 Karten der Kleinen Arkana. Die Kleine Arkana ist aufgeteilt in 16 Hofkarten und 40 Zahlenkarten, je zehnmal Stäbe, Kelche, Schwerter und Scheiben.

Die Großen Arkana

0 Der Narr
Er symbolisiert Mut, Furchtlosigkeit und Ekstase. Der Narr sagt Ihnen: Haben Sie Vertrauen, gehen Sie furchtlos vorwärts, und gehen Sie ruhig auch einmal ein Risiko ein, es wird sich auszahlen.

I Der Magier
Er ist zuständig für den Bereich Kommunikation und Flexibilität. Er zeigt, dass Ihren Vorhaben eine gewisse Genialität zugrunde liegt.

Auch hier ist mutiges Vorangehen angezeigt, aber immer in Verbindung mit Austausch und Annahme von alternativen Meinungen.

II Die Hohepriesterin (Der Hohepriester)
Sie steht für Unabhängigkeit, innere Ausgeglichenheit, das Loslassenkönnen und die Fähigkeit, in sich zu gehen. Sie kann aber auch Einsamkeit bedeuten, die mit einer inneren Harmonie einhergeht.

III Die Kaiserin
Sie ist die pure Mütterlichkeit und die Freundschaft. Sie gibt und erhält Heilung und Liebe. Im konkreten Fall steht sie entweder für eine mütterliche, liebende Person an Ihrer Seite oder zeigt, dass Sie selbst diese Aufgabe übernehmen sollten.

Zur näheren Interpretation ist es immer gut, die im Bild befindlichen Zeichen und Gegenstände genau zu betrachten.

IV Der Kaiser
Er ist der Bodenständige mit Führungsqualitäten, Tatendrang, Abenteuerlust. Er ist jederzeit bereit, Verantwortung zu übernehmen und auf eigenen Füßen zu stehen. Er signalisiert meist einen Neubeginn, der viel Erfolg verspricht.

V Der Hohepriester (Die Hohepriesterin)
Er kann zuhören, berät und ist für Auseinandersetzungen zuständig. Er steht für den weisen, gerechten Magier, der zu höchster Transformation fähig ist.

Der Magier erzählt von Kommunikation und Flexibilität. Energie und Tatendrang sind angesagt.

VI Die Liebenden
Sie zeigen eine partnerschaftliche Verbindung, die vor einer Entscheidung steht. Meist bedeutet diese Karte das Ende der Beziehung oder zumindest Trennungsgespräche.

VII Der Wagen
Er symbolisiert Neuanfang, den Wechsel zum Guten mit viel Energie und Stärke. Er kann auch eine Reise oder Umzug ankündigen.

VIII Ausgleichung (Die Kraft)
Probleme werden wieder ins Lot gebracht, die ausgleichende Gerechtigkeit wird siegen. Die Suche nach einer stabilen Balance bringt die richtige Entscheidung.

Jede Karte hat ihren ganz eigenen Charakter. Personenkarten stellen oft auch ganz bestimmte Personen in unserem Leben dar.

IX Der Eremit
Er mahnt dazu, das zu Ende zu bringen, was angefangen wurde. Er weist Sie darauf hin, dass es Zeit ist, sich mehr Freiraum zu verschaffen und das eigene Licht zu finden.

X Glück (Das Rad des Schicksals)
Diese Karte zeigt unerwartetes Glück oder eine günstige Gelegenheit an. Wohlstand kommt auf Sie zu, entweder in den nächsten zehn Wochen oder in zehn Monaten.

XI Lust (Die Gerechtigkeit)
In erster Linie bedeutet diese Karte ein großes Maß an Leidenschaftlichkeit in jeder Beziehung. Alte Ängste und Konditionierungen können jetzt überwunden werden, die Zeit ist günstig, um die gesteckten Ziele zu erreichen.

XII Der Gehängte
Sie befreien sich in einem Zeitraum von zwölf Wochen bis zwölf Monaten aus einer festgefahrenen Situation, indem Sie die Dinge einfach einmal andersherum betrachten.

XIII Der Tod
Er bringt äußerliche Veränderungen, Befreiung aus Verstrickungen und totale Erneuerung. Er mahnt und hilft, Altes loszulassen und sich neu zu orientieren.

XIV Die Kunst (Die Mäßigkeit)
Sie bedeutet sehr viel kreative Kraft, die Vereinigung von Gegensätzen und neue Zielsetzungen. Lassen Sie Ihrer Phantasie freien Lauf! Es stehen in diesem Jahr auch viele Entscheidungen an, die Sie mutig treffen sollten.

XV Der Teufel
Nehmen Sie die Dinge, mit denen Sie zurzeit konfrontiert werden, nicht allzu ernst, und beweisen Sie eine tüchtige Portion Humor. Ihrer Sexualität sollten Sie im Moment viel Beachtung schenken und Ihrer schöpferischen Energie freien Lauf lassen. Gehen Sie pfiffig und schlau mit Schwierigkeiten um.

XVI Der Turm
Der Turm hat eine klare Botschaft: Alles Alte wird zerstört und macht Platz für Neues. Es ist ein gutes Jahr, um Gebäude, Autos oder Projekte zu erwerben. Jetzt ist es auch an der Zeit, in sich hineinzusehen und kritisch mit sich umzugehen. Ehrliche Selbsterkenntnis ist angesagt, um Neuem eine Chance zu geben.

Der Turm wird oft als sehr negative Karte empfunden. Der Schein trügt, denn vor jedem guten Neubeginn steht ein Ende, und manchmal ist ein Ende mit Schrecken besser als . . .

XVII Der Stern
Er bedeutet viel Inspiration, Ausstrahlung und klare Visionen. Verbindungen zur universellen Intelligenz können jetzt hergestellt werden und Ihr Leben bereichern. Hören Sie auf Ihre innere Stimme, und handeln Sie danach.

XVIII Der Mond
Es kommen noch Irrwege und Versuchungen auf Sie zu. Letzte Prüfungen können Sie verwirren, und Illusionen versuchen sich Raum zu schaffen. Der Mond erinnert Sie daran, dass es an der Zeit ist, der Wahrheit ins Auge zu schauen und sich nicht vom Weg abbringen zu lassen. Lösen Sie jetzt ganz gezielt Ihre beruflichen oder privaten Probleme.

XIX Die Sonne
Mit dieser Karte geht im wörtlichen Sinne die Sonne auf: Eine erfüllte Liebesbeziehung erwartet Sie. Auch für berufliche Teamarbeit sind die Zeichen jetzt günstig. Spiritualität und Weisheit erlangen Sie nun ohne große Mühe.

XX Das Aeon (Das Gericht)

Zeigen Sie Offenheit gegenüber Kritik, und gehen Sie auch selbst ehrlich mit sich ins Gericht. Alternativ zeigt diese Karte oft eine Familiengründung an.

XXI Das Universum (Die Welt)

Diese Karte steht für den Abschluss, alles strebt der Vollendung zu. Es findet eine Befreiung aus unangenehmer Gebundenheit statt. Das Universum kann auch die Beendigung einer karmischen Aufgabe bedeuten, oder es erschließt sich Ihnen wirklich die Welt: Möglicherweise stehen Sie vor größeren Reisen.

Die Hofkarten stehen im Kartenbild meist für bestimmte Personen, für Vater, Mutter oder Partner. Sie geben uns dabei oft Charakterzüge dieser Personen preis, über die wir nachdenken sollten.

Die Kleinen Arkana – die Hofkarten

Ritter der Stäbe

Er hat eine sehr feurige Energie und zeichnet sich durch dynamisches Vorgehen aus. Meist handelt es sich beim Ritter der Stäbe um einen älteren, bedeutenden Mann.

Königin der Stäbe

Sie ist die feurige und gleichzeitig gefühlvolle Vollblutfrau. Sie symbolisiert die Selbsterkenntnis, die Wandlung, das Mitgefühl und die Ernte Ihrer Mühe.

Die Hofkarten sind Charakterkarten. Sie stehen für positive wie auch für nicht so angenehme Wesenszüge.

Prinz der Stäbe
Er zeigt die neu erblühende Liebe, meist in Gestalt eines jungen Mannes, der plötzlich und unerwartet auftaucht.

Prinzessin der Stäbe
Sie ist eine junge Frau, die spontan, lebhaft, abenteuerlustig und freiheitsliebend ist. Diese Karte steht auch allgemein für viel Vitalität, hauptsächlich in der Zeit vom 21. März bis zum 21. April. Sie zeigt Grund zu Optimismus an.

Ritter der Kelche
Er gibt die bedingungslose Liebe, sorgt für Großzügigkeit, Vertrauen und Spiritualität. Er hat die Fähigkeit zu geben, ohne etwas dafür zu verlangen. Diese Karte bezieht sich aber nicht nur auf Liebesfragen, sie kann auch Freundschaften und verwandtschaftliche Verhältnisse meinen.

Königin der Kelche
Seien Sie ehrlich in Ihren Gefühlen, und stehen Sie dazu. Die Königin der Kelche zeigt oft auch eine Mutterschaft an, neues Leben und neue Talente werden geboren.

Prinz der Kelche
Er ist Stellvertreter für einen meist jüngeren Mann. Begierde, Verlangen, offene Wünsche und Gefühlsprobleme werden ihm zugeschrieben. Es ist nun die Zeit zur Transformation gegeben, eine Ortsveränderung und Reisen sind möglich. Durch die Lösung von Gefühlsproblemen kann Glückseligkeit erreicht werden.

Prinzessin der Kelche
Sie ist eine jüngere Frau, die dafür steht, andere Menschen emotional loszulassen, Eifersucht zu überwinden und an Selbstvertrauen zu gewinnen.

Die Prinzessin der Kelche gibt, ohne danach zu fragen, was sie zurückbekommt. Sie ist selbstlos und sehr liebevoll.

Ritter der Schwerter
Er sagt Ihnen, dass gerade die Luftzeichenmonate (Februar, Juni und Oktober) günstig sind, um Dinge in Bewegung zu setzen; in diesen Zeiträumen können Ziele am besten erreicht werden. Ehrgeiz und Denkvermögen sind jetzt gefordert.

Königin der Schwerter
Sie ist die ältere Frau, die Ihnen einen hilfreichen Rat gibt. Sie zeigt Ihnen die Gesichter hinter den Masken, sorgt für Klarheit, Logik und Objektivität.

Prinz der Schwerter
Begrenzungen werden aufgehoben, Vorstellungen bekommen eine erweiterte Dimension, Ihr Denken ist an Kreativität nicht mehr zu überbieten. Lösen Sie sich von allem, was Sie einengt. Dazu empfiehlt der Prinz der Schwerter beispielsweise auch Reisen oder grundsätzliche örtliche Veränderungen.

Prinzessin der Schwerter
Sie siegt über Stimmungsschwankungen und gibt Ihnen das Schwert in die Hand zur Rebellion, welche allerdings mit Disziplin und klarem Denken durchgeführt werden sollte.

Ritter der Scheiben
Sie erhalten Hilfe durch einen älteren Mann. Die Mühe Ihrer Arbeit wird belohnt werden, mit einer reichen Ernte können Sie rechnen, und zwar im materiellen Sinn: Überfluss, Wohlstand und finanzielle Investitionen stehen ins Haus.

Der Ritter der Scheiben ist auch der Bauer: etwas unbeholfen und trampelig. Er muss erst noch geschliffen werden.

Königin der Scheiben
Sie ist zäh, ausdauernd und unabhängig. Sie zeigt die Überwindung der kargen Vergangenheit an und sorgt für Fruchtbarkeit und Fülle in der Zukunft. Zusätzlich warnt sie vor ungesunder Ernährung und hilft bei Diäten.

Prinz der Scheiben
Ein sportlicher junger Mann voller Tatendrang tritt in Ihr Leben, höchstwahrscheinlich im Monat Mai. Der Prinz der Scheiben ist aber auch ein Synonym für Reisen, Umzüge und für viel Energie in materiellen Angelegenheiten.

Prinzessin der Scheiben
Sie ist eine hilfreiche jüngere Frau an Ihrer Seite. Sie symbolisiert die Schwangerschaft, die Mutter, die Erde und die Geburt. Sie hilft auch, eine neue Identität zu finden.

Die Zahlenkarten der Kleinen Arkana

Unter den Zahlenkarten der Kleinen Arkana gibt es eine weitere Gruppe, die Stäbe. Dazu kommen die Kelche, Schwerter und Scheiben. Hier erfahren Sie, wie Sie diese Karten deuten können.

Die Stäbe stehen im Zeichen des Feuers. Sie symbolisieren Dynamik und Fortschritt und damit neue Richtungen und Wege in Ihrem Leben.

Ass der Stäbe
Beseitigen Sie Blockaden, glauben Sie an sich, und gehen Sie mit starker Energie vorwärts.

Zwei Stäbe – Herrschaft
Die nächsten zwei Wochen oder zwei Monate haben Sie genügend Energie, um neue Wege zu gehen. Diese Energie ist eine eher kriegerische, kämpferische Dynamik.

Drei Stäbe – Tugend
In den nächsten drei Wochen ist es an der Zeit, neue Richtungen einzuschlagen. Begegnen Sie Anregungen mit Ehrlichkeit, Verstand und Herz.

Vier Stäbe – Vollendung
Sie haben beste Möglichkeiten für einen absoluten Neubeginn, für Ihre Selbstverwirklichung und für einleitende Maßnahmen in den

Die Königin der Scheiben hat viele Attribute und fordert zu bewusstem Umgang mit der Gesundheit auf.

nächsten vier Wochen oder vier Monaten. Dies ist auch eine gute Zeit, um Dinge zu Ende zu bringen.

Fünf Stäbe – Streben

Die Selbstentfaltung hat in den nächsten fünf Wochen bis fünf Monaten absolute Priorität, sie ist allerdings oft auch begleitet von Angst und Unruhe. Lassen Sie sich nicht verwirren.

Sechs Stäbe – Sieg

Die Zeichen stehen auf Sieg. Auch Gewinn, Kreativität, Klarheit und Erfolg in allen Lebensbereichen stehen in den nächsten sechs Wochen bis sechs Monaten an erster Stelle in Ihrer Lebensplanung.

Sieben Stäbe – Tapferkeit

Sie sollten bereit sein, kleinere Kompromisse einzugehen, Mut zu beweisen und sich dabei selbst treu zu bleiben. Geben Sie sich aber auch nicht mit zu wenig zufrieden, versuchen Sie, genau zu definieren, was Ihnen wichtig ist und was nicht.

Acht Stäbe – Schnelligkeit

Sie sollten zupacken: Vollenden Sie, was Sie angefangen haben. Klare, direkte Kommunikation und fixes Handeln sind gefragt.

Die acht Stäbe stehen auch dafür, dass ein Wunsch sehr schnell und unerwartet in Erfüllung gehen wird.

Neun Stäbe – Stärke

Die nächsten neun Wochen bis neun Monate geben Ihnen viel Kraft, um sowohl im privaten wie auch im beruflichen Lebensbereich etwas zu bewegen und Ihren Zielen näher zu kommen. Stärke gibt Ihnen jetzt auch die Zusammenarbeit mit engen Vertrauten.

Zehn Stäbe – Unterdrückung

Diese Karte warnt Sie, denn Sie unterdrücken Ihre Gefühle und halten Energie zurück. Das kann Trennungen und Aggressionen zur Folge haben. Wenn Sie daran arbeiten, werden Sie in zehn Wochen, spätestens in zehn Monaten das Ende der Unterdrückung erreichen.

Ass der Kelche

Das ganze nächste Jahr werden Ihnen überströmende Liebe und tiefe Selbstliebe zuteil werden. Haben sie Vertrauen in zwischenmenschliche Beziehungen, sie werden nicht enttäuscht.

Die Kelche-Karten geben Aufschluss über ganz bestimmte Herzens- und Liebesangelegenheiten.

Zwei Kelche – Liebe
Diese Karte deutet auf eine glückliche Beziehung hin. Die Pflege des Familienlebens sollte nun an erster Stelle stehen.

Drei Kelche – Fülle
Ein Austausch an liebevollen Gefühlen findet statt. Sie können ein hohes spirituelles Niveau erreichen.

Die Kelche symbolisieren das Wasser und zeigen die Gefühlslage und alle Dinge in Sachen Liebe an.

Vier Kelche – Üppigkeit
Mit dieser Karte stehen alle Zeichen auf Luxus, Liebe, Zärtlichkeit, emotionalen Reichtum und auf Erfüllung Ihrer Wünsche. Gehen Sie offen und freizügig mit Ihren Gefühlen um.

Fünf Kelche – Enttäuschung
Unerwartete Störungen und ein Verlust des inneren Gleichgewichts gefährden Ihre Gefühlswelt. Seien Sie jetzt besonders skeptisch gegenüber Skorpionmenschen.

Sechs Kelche – Genuss
Eine Erneuerung Ihrer sexuellen Erlebnisfähigkeit wird in den nächsten sechs Wochen bis sechs Monaten stattfinden. Lust, Genuss und Freude sind dann oberstes Gebot.

Sieben Kelche – Verderbnis
Achten Sie jetzt darauf, dass Sie nicht übermäßig essen, rauchen, einkaufen und trinken. Im Moment sind Sie diesbezüglich sehr labil. Schlechte Laune, Verdruss und Niedergeschlagenheit könnten sich breit machen.

Acht Kelche – Trägheit
Diese Karte ermuntert Sie zum Ausspannen. Sie sollten sich nicht so auspowern. Erschöpfung, Müdigkeit und Hemmungen sind die Folgen. Jetzt sind Ruhe und Gemütlichkeit angesagt; versuchen Sie nicht, etwas überstürzt zu erreichen.

Neun Kelche – Freude
Eine besonders gute Zeit steht Ihnen bevor, ja mehr noch, in den nächsten neun Wochen bis neun Monaten herrscht absolute Glückseligkeit. Gefühle kommen ins Gleichgewicht, und das Glück ist Ihnen hold.

Die Zehn der Kelche, die Sattheit, mahnt auch zur Vorsicht. Wenn man das Gefühl hat, alles erreicht zu haben, wird man oft leichtsinnig.

Zehn Kelche – Sattheit
Diese Karte sagt Ihnen eine positive Nachricht: Sie sind erfüllt von innerer Zufriedenheit. Die Befriedigung und die Erfüllung Ihrer Wünsche sind bereits eingetreten; lehnen Sie sich zurück, und genießen Sie dieses Gefühl.

Ass der Schwerter
Es wird ein gutes Jahr, um Ihre Ziele zu verwirklichen, in Ihrem Kopf herrscht geistige Klarheit, Ihre Gedanken sind sehr originell. Besonders gut verstehen Sie sich jetzt mit Menschen, die in einem Luftzeichen – das sind die Sternzeichen Wassermann, Zwillinge und Waage – geboren sind.

Zwei Schwerter – Frieden
In den nächsten zwei Wochen bis zwei Monaten kommen wichtige Entscheidungen auf Sie zu, die Sie auch mühelos treffen können. Alle Entscheidungen, die Sie in diesem Zeitraum fällen, können geistigen Frieden, Besserung in Ihrer Beziehung und eine Neugestaltung Ihrer gesamten Lebenssituation in Ihrem Sinne bewirken. Ihre eigene Bereitschaft zu Liebe und Erkenntnis unterstützt Sie in Ihren Zielen. Arbeiten Sie deshalb an sich.

Drei Schwerter – Kummer

Es ist höchste Zeit, um Leid bringende, unterdrückende Beziehungen loszulassen. Die vorangegangenen drei Monate oder Jahre waren geprägt von Leid, Trauer, Spannungen und Unterdrückung. Es ist jetzt entscheidend, dass Sie sich aus dieser überaus negativen Situation befreien, denn Sie können nur dabei verlieren. Eine eventuelle Dreierbeziehung sollten Sie sofort beenden.

Denken Sie immer an den Grundsatz: Alle scheinbar negativen Karten, wie etwa Kummer oder Niederlage, bergen die Chance des Neuanfangs in sich.

Vier Schwerter – Waffenruhe

Lernen Sie zuzuhören, gehen Sie auf andere ein, und lösen Sie Ihre Konflikte mit Umsicht. Bemühen Sie sich um Wahrheit und Klarheit, versuchen Sie, eine geistige Reinigung zu erreichen.

Fünf Schwerter – Niederlage

In den nächsten fünf Wochen bis fünf Monaten steigen in Ihnen die Angst vor neuen Beziehungen und grundsätzlich eher negatives Denken hoch. Versuchen Sie sich aus alten Bindungen zu befreien, und warten Sie geduldig ab; die Situation bessert sich.

Sechs Schwerter – Wissenschaft

Sehen Sie in den nächsten sechs Wochen der Wahrheit genau ins Auge. Seien Sie selbstkritisch, und zeigen Sie umfassendes Verständnis für sich und für andere.

Die Schwerter symbolisieren das Bewusstsein und den Verstand. Wie ein Schwert können auch Gedanken zweischneidig sein.

Sieben Schwerter – Vergeblichkeit

Überwinden Sie Ihr negatives Denken. Verzagtheit und Entmutigung machen sich in Ihnen breit. Kämpfen Sie dagegen an, die Zeiten werden wieder besser.

Acht Schwerter – Einmischung

Wenn Sie jetzt im Zweifel sind, welche Entscheidung die richtige ist, warten Sie lieber ab, und sehen Sie, wie sich die Dinge entwickeln. Voreilige Entschlüsse sind jetzt nicht angebracht. In den nächsten acht Wochen bis acht Monaten wird sich ganz von alleine eine Lösung finden lassen.

Neun Schwerter – Grausamkeit

Jetzt ist eine gute Zeit, um Schlechtes aus der Vergangenheit abzuschütteln; vor allem sollten Sie negatives Denken ablegen und mit Zuversicht in die Zukunft schauen.

Zehn Schwerter – Untergang

Sie sollten jetzt dringend möglichst bald, auf jeden Fall aber in den nächsten zehn Wochen, Probleme des Herzens oder der Finanzen lösen. Nur was Sie selbst auch anpacken, kann zu einem guten Ende geführt werden.

Ass der Scheiben

Diese besondere Karte zeigt inneren und äußeren Reichtum an. Sie haben die nächste Zeit großen materiellen Erfolg und fühlen sich wohl in Ihrer Haut.

Die Scheiben stehen für das Element Erde, also für alles Materielle, vor allem für irdische Güter und Reichtümer.

Zwei Scheiben – Wechsel

Veränderungen stehen an. Es ist Zeit für einen Wechsel, für den Wandel alles Negativen ins Positive. Dabei geht es hauptsächlich darum, die Dinge ins Gleichgewicht zu bringen.

Drei Scheiben – Arbeit

Durch Arbeit und wirkliches Bemühen kommen Sie allmählich Ihrem Ziel näher, Klarheit und Stabilität werden sich einstellen. Bei dieser Karte liegt die Betonung darauf, dass Sie sich das, was Sie erreichen möchten, wirklich erarbeiten müssen, es wird Ihnen nicht in den Schoß fallen.

Vier Scheiben – Macht

Die Karte »Vier Scheiben« steht in erster Linie für Kraft und Vitalität. Durch Integrität und Charakterstärke kommen Sie jetzt weiter. Die Karte ist aber andererseits auch eine Mahnung, Ihre Gesundheit nicht zu sehr zu strapazieren; sie ist schon leicht geschwächt.

Fünf Scheiben – Quälerei

Körperliches Unbehagen belastet Sie, Sie sind aus dem Gleichgewicht geraten. Für die Zukunft bedeutet das, Sie sollten jetzt keine unbedachten Schritte unternehmen, sondern zunächst Ihr inneres Gleichgewicht wieder finden.

Sechs Scheiben – Erfolg

Alles, was Sie sich vorgenommen haben, wird gelingen. Ihre Vorstellungen nehmen Gestalt an, und die Manifestation in der Realität steht bevor. Ihr Erfolg ist unaufhaltsam.

Sieben Scheiben – Fehlschlag

Aus Angst vor einem Fehlschlag erscheinen Ihnen alle Hindernisse unüberwindlich. Sie resignieren, zaudern und sind voller Hemmungen. Es gilt daher zunächst, die Angst zu überwinden und die Probleme in Angriff zu nehmen, auch wenn es schwer fällt.

Acht Scheiben – Umsicht

Wenn Sie jetzt vorsichtig und umsichtig sind, wird Ihnen in den nächsten acht Wochen bis acht Monaten innerer und äußerer Reichtum zuteil. Also handeln Sie nicht frisch und frei drauflos, sondern sondieren Sie das Terrain, auf dem Sie sich bewegen wollen, genau.

Die Acht der Scheiben, die Umsicht, zeigt im Kartenbild einen frisch erblühenden Baum, der noch gepflegt werden will. Sie sind also noch nicht ganz auf der sicheren Seite.

Neun Scheiben – Gewinn

Zuwachs und Gewinn können Sie in den nächsten neun Wochen bis neun Monaten erwarten. Dabei kann es sich sowohl um materiellen Gewinn wie auch um einen emotionalen Zuwachs, etwa eine Liebesverbindung, handeln

Zehn Scheiben – Reichtum

Innerer und äußerer Reichtum liegt jetzt im Bereich des Möglichen. Sie haben zudem die wunderbare Fähigkeit, diesen Reichtum auch an andere weiterzugeben.

Rituale für die Gesundheit

Die eigentliche Aufgabe einer Hexe ist es, durch die Ausübung magischer Praktiken anderen Menschen zu helfen. Jeder Mensch hat Sorgen und Probleme. Wenn der berufliche Erfolg gesichert ist, die Finanzen in Ordnung sind, die Gesundheit zufrieden stellend ist, klappt es vielleicht in der Liebe überhaupt nicht. Andererseits können Sie zwar glücklich verliebt sein, aber trotz eifrigster Bemühungen keinen Job finden und daran verzweifeln.

Ein wichtiger Grundstein für eine gute Gesundheit ist eine positive Einstellung zum eigenen Körper. Dadurch werden die inneren Kräfte aktiviert.

Probleme hat jeder

Im Großen und Ganzen gilt, dass das Problem das schlimmste und wichtigste für einen Menschen ist, das er gerade selbst hat, selbst wenn es nur darin besteht, dass er sich nicht den neuen Mercedes leisten kann und weiterhin mit dem alten Opel durch die Gegend fahren muss. Sorgen sind immer relativ. Als Hexe versuche ich, all diese Dinge von einem möglichst objektiven Standpunkt aus zu betrachten. In den meisten Fällen kann ich auch Abhilfe schaffen. Oft genügt nur ein kleiner Anstoß in die richtige Richtung, manchmal ist aber auch intensives magisches Arbeiten nötig. Ich rate vielen meiner Kunden, es zunächst mit der Selbsthilfe zu versuchen, bevor weiter reichende Schritte im Bereich der Magie unternommen werden. Sehr oft stellt sich bereits der Erfolg ein, wenn das Vertrauen in die eigenen Fähigkeiten und Kräfte geweckt wird.

Das Gesundheitsproblem

Die größten Sorgen und Probleme gibt es jedoch, wenn die körperliche oder geistige Gesundheit angegriffen ist. Wenn Sie 100 Menschen fragen, was das wichtigste und wertvollste Gut auf dieser Welt ist, werden Ihnen mindestens 90 antworten: »Die Gesundheit!« Wenn es uns gesundheitlich schlecht geht, gelingt uns meist auch nichts anderes mehr. Das eigene Wohlbefinden steht im Mittelpunkt und beeinflusst Handlungen und Verhalten. Um die Gesundheit zu erhalten oder wiederherzustellen, gibt es Ärzte, Heilpraktiker, Medikamente, allerlei Naturheilmittel und endlose Literatur.

Bild links:
Mit Magie können Sie sehr viel für Gesundheit und Wohlbefinden tun. Oft reicht schon ein ganz bestimmter Tee, um sich besser zu fühlen.

Stärkung der Selbstheilungskräfte

Die Rituale, die ich Ihnen hier vorstellen möchte, dienen der Erhaltung der Gesundheit, zur Behebung von kleineren Beschwerden und zur Unterstützung bei schlimmeren Krankheiten. Sie ersetzen aber nicht den Arzt oder Heilpraktiker. Diese Rituale helfen, die Selbstheilungskräfte des Körpers zu aktivieren, aber Sie würden sich selbst zu viel zumuten, wenn Sie bei größeren Beschwerden oder ernsthaften Krankheiten allein damit experimentierten. Nehmen Sie dann auf jeden Fall die Hilfe von Fachkräften in Anspruch.

> Verlassen Sie sich nicht zu sehr auf die eigenen Kräfte. Scheuen Sie sich nicht, bei gesundheitlichen Problemen kompetente Hilfe in Anspruch zu nehmen.

Umgang mit Ritualen

Jeder Mensch kann magische Rituale alleine, mit Freunden oder der Familie zusammen durchführen. Deshalb möchte ich hier eine Sammlung von Ritualen vorstellen, die Ihnen helfen, Ihr ganz persönliches Problem in den Griff zu bekommen. Sollte es einmal nicht klappen, kann es dafür Ursachen geben, die Ihnen in diesem Moment nicht ersichtlich sind. Deshalb sind in diesem Fall Rat und Hilfe einer ausgebildeten Fachperson, möglichst einer initiierten Hexe, vonnöten. Schämen Sie sich nicht, sich beraten zu lassen, weil Sie denken, Sie hätten versagt oder Ihr Problem sei zu banal. Es gibt für alles eine Lösung, man muss nur daran arbeiten, und das gelingt leichter mit Hilfe einer neutralen, fachkundigen Person.

Hilfe zur Selbsthilfe

Hier nun aber zuerst ein bisschen Hilfe zur Selbsthilfe. Achten Sie bei der Durchführung der Rituale darauf, dass Sie die Anweisungen stets genau befolgen, sich intensiv darauf konzentrieren, was Sie tun, und vor allem: Glauben Sie mit Ihrem ganzen Herzen und mit Ihrem ganzen Verstand daran, dass Sie Ihr Ziel erreichen werden.

Das große Gesundheitsritual

Für das große Gesundheitsritual wenden Sie eine ähnliche Vorgehensweise an, wie Sie sie schon bei den Ritualen des Jahreskreises kennen gelernt haben.

Zutaten

Eine gelbe Tischdecke
Zwei weiße Kerzen
Eine gelbe Ritualkerze
Die magischen Öle Healing, Angel und Protection
Die Räucherungen Healing und Theas Heilungsräucherung
Ein Räucherkessel
Sand
Räucherkohle
Ein Mörser
Ein Haselnusszweig als Zauberstab
Ein weißes Blatt Papier
Ein Stift
Ein Strauß Sonnenblumen oder andere gelbe Blumen

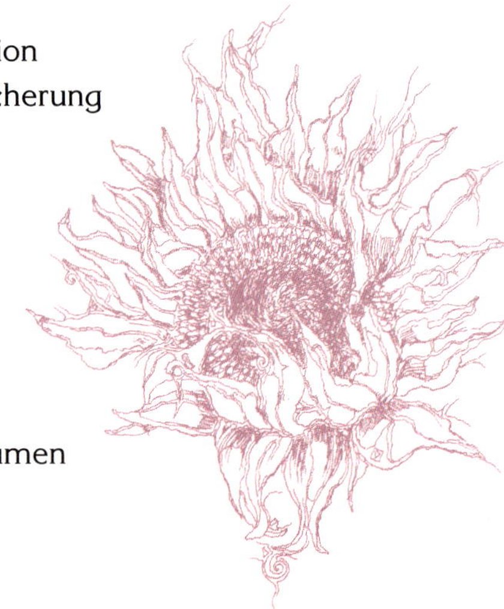

Der richtige Zeitpunkt

Das Gesundheitsritual führen Sie an sieben Sonntagen hintereinander durch, jeweils zwischen 14.00 und 15.00 Uhr oder zwischen 21.00 und 22.00 Uhr (nach der Winterzeit).

Vorbereitung

Stellen Sie einen kleinen Tisch oder ein Tablett Richtung Osten auf, und legen Sie die gelbe Altardecke darauf. In die Mitte des Tisches legen Sie Ihren Wunschzettel, das weiße Blatt Papier, auf das Sie genau schreiben, mit Angabe Ihres vollen Namens, was Sie sich wünschen.

Die Sonnenblume ist eine der ältesten Nutzpflanzen der Welt. Sie wurde schon vor 3000 Jahren angebaut. Alle ihre Teile sind für Heilzwecke einsetzbar.

An die oberen Ecken des Wunschzettels stellen Sie die zwei weißen Kerzen und in die Mitte des Papiers die gelbe Ritualkerze. Ölen Sie die beiden weißen Kerzen mit Angel-Öl ein und die Ritualkerze mit Healing- und Protection-Öl. Verwenden Sie dazu je einen Tropfen Öl, den Sie zwischen Daumen und Zeigefinger zerreiben, und verteilen Sie das Öl von der Mitte nach oben und von der Mitte nach unten. Oben in die Mitte des Altars kommt die Vase mit den Sonnenblumen. Stellen Sie vor die Ritualkerze das Räuchergefäß, geben Sie etwas Sand hinein und eine angezündete Räucherkohle darauf. Während Sie warten, bis die Räucherkohle gut durchgeglüht ist, zerstoßen Sie etwa einen halben Kaffeelöffel von Theas

Heilungsräucherung in dem Mörser und geben dann einen halben Kaffeelöffel Healing-Räucherung dazu. Wenn die Kohle einen weißen Film hat, ist sie genau richtig.

Durchführung des Rituals

Entzünden Sie die Kerzen. Nehmen Sie den Zauberstab aus Haselnuss, und zeichnen Sie damit symbolisch im Uhrzeigersinn einen Kreis um sich und den Altar. Geben Sie die Räuchermischung auf die Kohle. Setzen Sie sich vor Ihren Altar, und sprechen Sie laut:

Ich heiße Euch willkommen,
Ihr Mächte des Kosmos,
Ihr Göttinnen und Götter,
und ich heiße vor allem Dich willkommen,
große Göttin Isis,
die Du den Tod überwunden hast und
die Spenderin unserer Gesundheit bist.
Bitte stehe mir bei diesem Ritual bei
und gib mir all Deine Kraft,
so dass ich mein Ziel erreichen werde.

Visualisieren des Wunsches

Das Visualisieren einer bestimmten Situation erfordert etwas Übung. Seien Sie also nicht enttäuscht, wenn es nicht gleich optimal gelingt.

Schließen Sie nun die Augen, und stellen Sie sich vor, wie Sie gesund und vital durch die blühende Natur laufen. Sie fühlen sich wohl und ausgeglichen, Ihnen kann nichts passieren. Es ist wichtig, dass Sie sich Ihre gesundheitliche Situation so optimal wie möglich vorstellen. Variieren Sie diese Vision, bis sie genau so ist, wie Sie Ihr Ziel vor Augen haben möchten. Das Bild, das Sie sehen, muss so real wie nur möglich sein; versuchen Sie nicht nur zu sehen, sondern die Situation auch zu fühlen, zu riechen, zu hören und vor allem in Ihrem tiefsten Inneren zu empfinden. Arbeiten Sie mindestens zehn Minuten daran.

Das Ritual beschließen

Öffnen Sie Ihre Augen wieder, und bedanken Sie sich bei Ihren Helfern für ihre Aufmerksamkeit:

Ihr Mächte des Kosmos,
Ihr Göttinnen und Götter,
und vor allem Du, große Göttin Isis,
ich danke Euch für Eure Hilfe,
für Eure Aufmerksamkeit und
für die Kraft, die Ihr mir gebt,
meine Ziele zu erreichen.
Ich entlasse Euch nun wieder
und weiß, dass Ihr allezeit an meiner Seite weilt.

Um den Wunschzettel zu vergraben, müssen Sie kein metertiefes Loch ausheben. Es genügt eine kleine Vertiefung, so dass die Ritualutensilien zugedeckt sind.

Das Ritual ist damit beendet. Nehmen Sie den Zauberstab, und öffnen Sie den Kreis, indem Sie symbolisch einen Kreis um sich und Ihren Altar entgegen dem Uhrzeigersinn in die Luft zeichnen. Löschen Sie die Kerzen. Um wieder zurück auf den Boden der Tatsachen zu gelangen, sollten Sie etwas essen und trinken.

Einsatz des Talismans

Wenn Sie einen weißen Gesundheitskobold besitzen oder einen Talisman zur Förderung Ihrer Gesundheit, nehmen Sie diesen mit in das Ritual; legen Sie ihn entweder auf den Altar, oder halten Sie ihn währenddessen in der linken Hand.

Vergraben von Wunschzettel und Kerzen

Nach dem siebten Sonntag packen Sie Ihren Wunschzettel und die Kerzen zusammen und vergraben sie unter einem Holunderbaum. Dieser Baum gilt seit jeher als Baum der Heilung, Opfer an ihn belohnt er mit guter Gesundheit.

Das kleine Gesundheitsritual

Es muss nicht immer ein großes Ritual sein, um die Gesundheit zu stärken. Dieses kleine Ritual dient der Steigerung Ihrer Gesundheit. Sie können es regelmäßig durchführen, immer dann, wenn Sie Unterstützung brauchen. Der beste Zeitpunkt dafür ist einmal im Monat, jeweils an einem Montag bei abnehmendem Mond. Nach einiger Zeit werden Sie sich spürbar besser fühlen.

Der richtige Zeitpunkt

Die beste Zeit sind die Mondstunden, also zwischen 14.00 und 15.00 Uhr oder zwischen 21.00 und 22.00 Uhr (nach der Winterzeit).

Vorbereitung

Es gibt gerade für die Gesundheit besonders viele Talismane. Beispielsweise wirkt der keltische Lebensbaum oder das chinesische Langlebigkeitssymbol sehr gut.

Stellen Sie auf eine weiße Tischdecke zwei weiße Kerzen, und ölen Sie diese mit Healing-Öl ein. Legen Sie alle Talismane, Amulette und sonstigen Glücksbringer von sich und Ihrer Familie dazu.

Durchführung des Rituals

Nachdem Sie die Kerzen angezündet haben, bitten Sie alle kosmischen Kräfte, Ihre Schutzengel und die große Göttin um gesundheitlichen Schutz für sich und Ihre Liebsten. Sehen Sie vor Ihrem inneren Auge, wie Krankheitsbilder dahinschwinden, Ihr gesundheitliches Befinden immer besser wird und Sie vor Vitalität überströmen. Legen Sie dabei Ihre Hände über die Amulette und Talismane, und projizieren Sie Ihre Wünsche und Gedanken in sie hinein. So wird dieses Ritual durch die aufgeladenen Hilfsmittel noch lange nachwirken. Vergessen Sie nicht, sich nach dem Ritual bei der Göttin und allen anderen Helfern zu bedanken.

Gesundheit im Schlaf

Nichts fördert die Heilung mehr und intensiver als ausreichender und tiefer Schlaf. Um Ihren Schlaf noch entspannender und gesünder zu gestalten, gibt es ein paar Accessoires, die ich Ihnen hier näher bringen möchte. Das Wichtigste dabei ist, dass Sie dafür sorgen, wirklich acht Stunden pro Nacht, davon mindestens eine Stunde vor Mitternacht, ungestört durchschlafen zu können. Vor dem Schlafengehen zünden Sie noch eine gelbe Kerze oder Theas Gesundheitskerze an.

Zu den Kerzen stellen Sie eine Duftlampe und geben in das Wasser je zwei bis drei Tropfen Vanille-, Kamillen- und Zedernöl. Dabei wirkt die Vanille entspannend und fördert das innere Wohlbefinden, sie gibt ein heimeliges Gefühl. Die Kamille beruhigt alle Körper-

funktionen und entkrampft. Das Zedernöl verbreitet einen Hauch von Frische und Klarheit und hat nebenbei noch den Effekt, dass es im Sommer die Mücken fern hält.

Einschlafhilfen

Am besten schlafen Sie ein, wenn Sie nicht vor dem Fernseher einnicken, sondern vor dem Zubettgehen noch eine Dusche nehmen und sich möglichst ohne sich abzutrocknen ins Bett legen. Wenn Sie nicht sofort einschlafen können, trotz der beruhigenden Düfte im Schlafzimmer, lesen Sie in einem Buch. Allerdings ist der spannende Krimi oder der dramatische Actionthriller nicht gerade das Richtige, um ruhig in Morpheus Arme zu sinken. Eine phantasievolle, bilderreiche, aber weniger grausame Lektüre fördert bunte Träume und eine bessere Auseinandersetzung des Unterbewusstseins mit dem Bewusstsein.

Wer auf den morgendlichen Muntermacher Kaffee nur schwer verzichten kann, sollte einmal einen kurz durchgezogenen Schwarztee oder einen Matetee probieren; auch diese Tees wirken sehr anregend.

Fröhlich aufwachen, kraftvoll in den Tag

Der ganze gesunde Schlaf nützt herzlich wenig, wenn Sie dann morgens muffelig und kraftlos aus dem Bett fallen, nach zwei Stunden Kaffeetrinken immer noch nicht ganz wach sind und sich den halben Vormittag nach Ihrem Bett zurücksehnen. Zunächst gehört zum

Einen gesunden, erholsamen Schlaf kann man ebenfalls durch kleine Rituale erzeugen.

fröhlichen Aufwachen ein heiteres Schlafzimmer. Wenn die Jalousien noch lichtdicht geschlossen sind, die Dunkelheit zum Weiterschlafen animiert und überhaupt der Traum gerade so schön war, wie soll man da mit Freude aus dem Bett springen?
Ganz einfach: Das Wichtigste im Schlafzimmer sind helle gelbe bis weiße Vorhänge, die das Morgenlicht in einer strahlenden, fröhlichen Helligkeit ins Zimmer lassen. Allein das muntert schon ungeheuer auf. Dazu noch eine beschwingende Musik aufgelegt, und das Aufstehen wird schon viel einfacher.
Noch ein kleiner Tipp: Morgens ist immer ein Nasenloch auf, und eines ist zu. Prüfen Sie, welches offen ist. Wenn Sie durch das rechte Nasenloch gut atmen können, stehen Sie mit dem rechten Bein zuerst auf und umgekehrt. Das stellt das innere Gleichgewicht sofort her.

Richtige Ernährung

Wenn Sie das Spülen mit Apfelessig absolut nicht ertragen, geht die gleiche Prozedur auch mit reinem Sonnenblumenöl. Es sollte aus biologischem Anbau sein.

Beginnen Sie den Tag mit einem gesunden Frühstück, das Sie für den ganzen Tag in Schwung bringt. Nach der ersten und wichtigsten Mahlzeit des Tages wollen wir natürlich auch den Rest des Tages unser Wohlbefinden fördern.

Frühstück

Vor dem Frühstück spülen Sie Ihren Mund ungefähr ein bis zwei Minuten lang mit Apfelessig. Das hört sich zwar jetzt scheußlich an, aber man kann sich daran gewöhnen. Essig vitalisiert und bringt alle Körperfunktionen in Gang. Da Vitamine morgens am wichtigsten sind, beginnen Sie Ihr Frühstück am besten mit frischem Obst, vorzugsweise Äpfeln. Natürlich können Sie das Obst auch im Müsli essen, Hauptsache dabei ist, dass Sie Ihren ersten Kaffee erst nach den Früchten genießen. Der Kaffee wirkt sonst blockierend auf die Verteilung der Vitamine im Körper.

Schonend fasten und trotzdem satt werden

Ich möchte hier ein paar Menüvariationen nennen, die wirklich gesund sind, die Darmflora unterstützen, die Verdauung fördern,

aber trotzdem auch satt machen. Denn nichts ist schlimmer, wenn man abnehmen oder auch nur sein Idealgewicht halten möchte, als ständiges Hungern. Das macht übellaunig, und man entwickelt einen richtigen Heißhunger. Was nützt es, den ganzen Tag brav zu sein und die Diät einzuhalten und sich dann nachts auf den Kühlschrank zu stürzen, um ihn radikal leer zu fegen?

Begleitend zu einer Fastenkur empfehle ich, täglich ein bis drei Verschlusskappen Aloe-vera-Saft zu trinken.

Mittagessen

Zum Mittagessen empfehle ich eine große Schüssel Salat und dazu ein kleines Steak oder ein Fischfilet. Auch ein Gemüseeintopf oder eine Gemüsequiche mit Vollkornteig füllt den Magen ungemein, wirkt aber nicht schwer. Etwas exotisch, aber nicht nur für den Gaumen, sondern auch für Magen und Darm ideal ist mittags eine große Portion Sushi. Diese kleinen japanischen Happen aus Reis und Algenblättern, gefüllt mit rohem Fisch oder mit eingelegtem Gemüse, sind sehr leicht und kalorientechnisch das perfekte Mittagessen. Der eingelegte Ingwer, der immer dazu gereicht wird, enthält besonders viel Vitamin C und stärkt damit das Abwehrsystem. Wenn Sie noch einen Nachtisch zu sich nehmen möchten, beschränken Sie sich auf frische Früchte. Im Idealfall essen Sie mittags immer ein wenig frische Ananas, sie entschlackt extrem.

Abendessen

Abends sollten Sie etwas besonders Leichtes, Kalorienarmes zu sich nehmen. Meine persönlichen Lieblingsspeisen am Abend sind Gemüseeintopf mit Hühnerfleisch, Reis mit Tomatensauce oder Spaghetti mit Pesto. Obwohl immer gesagt wird, Spaghetti seien eine reine Kalorienbombe: Es sind nicht die Spaghetti oder andere Nudelvariationen, die dick machen, es ist die Kombination mit üppigen Saucen. Aber Nudeln, nur mit Olivenöl, Knoblauch und Basilikum angemacht, schmecken köstlich und sind auch noch verdauungsfördernd.
Vermeiden Sie grundsätzlich, spät am Abend noch zu essen. Die Chips beim Fernsehkrimi sind einfach tödlich für die Figur! Aber auch rohes Gemüse, beispielsweise Salat, ist am Abend schwer verdaulich. Deshalb essen Sie am Abend am besten nur gekochte oder gebackene Gerichte.

Der kleine Hunger zwischendurch

Für den kleinen Hunger zwischendurch empfehle ich entweder Obst, kleine Vollkorn-Müsliriegel oder ganz einfach – ein Butterbrot. Achten Sie bei Ihrer Ernährung auf jeden Fall immer darauf, dass zwischen den Mahlzeiten, auch wenn es nur kleine Appetithäppchen sind, immer mindestens zwei Stunden liegen. Diese Zeit braucht der Magen ungefähr, um eine Mahlzeit vollständig zu verdauen. Auf diese Weise kommt nichts durcheinander, und der Magen wird nicht überlastet.

Ein kleines, einfaches Geheimnis, um die Pfunde wirklich purzeln zu lassen, ist, nach 18.00 Uhr keine Nahrung mehr zu sich zu nehmen.

Genussvoll essen

An dieser Stelle muss ich Ihnen gestehen, dass ich mich zwar gerne bewusst ernähre, da mir meine Gesundheit sehr wichtig ist, aber leider kann auch ich beispielsweise nicht an einer schönen, traditionellen Weihnachtsgans vorbeigehen. Ab und zu zu sündigen und nach Herzenslust beim großzügigen Buffet zuzuschlagen, dabei auch mal einen Löffel mehr Mayonnaise auf den Teller zu häufen, das ist wirklich nicht schlimm. Kulinarische Genüsse sind dazu da, dass man seine Freude daran hat und sie auch richtig genießt. Machen Sie sich um Himmels willen keine Gewissensbisse deswegen. Ein ausschweifendes Mahl hin und wieder fördert das psychische Wohlbefinden. Die richtige Mischung besteht aus einer gesundheitsbewussten Ernährung mit tolerierbaren zeitweiligen Ausschweifungen ins Tal der Genusssucht. Jeder muss sein eigenes Maß bei der Ernährung finden und die Disziplin und den Willen aufbringen, auch nach diesen Erkenntnissen zu handeln.

Entschlackende Tee- und Kräutermischungen

Das wichtigste System in unserem Körper, das die Funktionen aller anderen Organe beeinflusst bzw. regelt, ist das Verdauungssystem. Funktioniert es nicht richtig, können sich alle möglichen Gift- und Schadstoffe in anderen Regionen des Körpers ablagern. Also sollten wir zunächst dafür sorgen, dass wir alles, was der Körper nicht gebrauchen kann, hinausschwemmen. Das wird Entschlacken genannt. Hilfreich dazu sind vor allem Kräuter und Pflanzenteile, die in der Hauptsache als Tee eine optimale Wirkung erzeugen können.

Kamillen- und Salbeitee sind altbewährte, lang erprobte Hausmittel bei empfindlichem Magen und bei Verdauungsstörungen. Sie beruhigen den Magen und wirken im Darm entzündungshemmend. Grundsätzlich schwöre ich bei allen Problemen im Magen-Darm-Bereich – egal, ob es sich um Krämpfe oder um Schwerfälligkeit handelt – auf Wermut. Das Kraut als Tee getrunken wirkt zwar auch appetitanregend, aber es ist wahrer Balsam für den Magen. Vorsicht ist jedoch angesagt, wenn Sie den Tee zu häufig und in großen Mengen trinken: Er wirkt auch aphrodisierend.

Lindenblüte: Um Gifte auszuschwitzen, eignet sich die Lindenblüte besonders gut. Sie wirkt beispielsweise auch unterstützend, wenn Sie das Rauchen aufgeben wollen.

Die Schafgarbe kann grundsätzlich zu allen Arten von Heiltees zugegeben werden. Diese Pflanze unterstützt immer deren Wirkung.

Tausendgüldenkraut: Wenn Sie richtig Bauchschmerzen haben, die durch Verdauungsbeschwerden, egal, welcher Art, verursacht wurden (also nicht bei den typischen Frauenleiden), gibt es ein schönes altes Rezept: Kochen Sie Tausendgüldenkraut mitsamt der Wurzel in Rotwein. Tauchen Sie ein sauberes Tuch in diesen Sud, und legen Sie es auf Ihren Bauch. Das verschafft Erleichterung.

Frauenmantel- und Schafgarbentee: Gegen Frauenleiden, die lästigen Menstruationsbeschwerden, sind Kräuter gewachsen. Eine Mischung aus Frauenmantel- und Schafgarbentee wirkt Wunder.

Johanniskraut: Zu guter Letzt möchte ich noch die wichtigste Pflanze gegen Depressionen erwähnen. Jeder Mensch hat in seinem Leben Zeiten, in denen er am liebsten den Kopf in den Sand stecken würde. Auch dagegen ist ein Kraut gewachsen. Das beste Mittel, um die Stimmung wieder aufzuhellen und optimistischer in die Zukunft zu schauen, ist Johanniskraut. Früher wurde es nur als Tee angeboten. Heute gibt es auch Johanniskrautkapseln. Der Tee schmeckt nicht besonders gut, aber mit einem Löffel Honig ist er wunderbar. Bei andauernden Depressionen trinken Sie jeden Tag eine große Tasse. Sie werden sehen, Ihre Stimmung wird von Tag zu Tag besser. Vorsicht jedoch bei täglichem Genuss von Johanniskraut, in welcher Form auch immer: Die Haut wird dadurch sehr lichtempfindlich, und im Sommer sollten Sie dann zu viel Sonnenlicht unbedingt meiden.

Rituale für die Liebe

Neben einer guten Gesundheit ist die Liebe das Gut auf Erden, nach dem wir uns am meisten sehnen. Ohne Liebe kann der Mensch nicht wirklich leben. Wenn jemandem nur Hass oder Gleichgültigkeit entgegengebracht wird, wird er selbst auch nicht in der Lage sein, Liebe zu empfinden und zu geben.

So manche große Liebe hat schon geholfen, unheilbare Krankheiten zu besiegen – ihre Kraft ist einfach unermesslich.

Liebe – ein Lebenselixier

Liebe gibt uns die Fähigkeit, alle Hindernisse zu meistern und mutig vorwärts zu gehen. Die Liebe gibt uns unendliche Kraft und lässt uns Berge versetzen. Durch das Gefühl, geliebt zu werden, werden im Körper auch Hormone angeregt, die unsere Gesundheit unterstützen, unser Immunsystem stärken und somit Krankheiten vorbeugen. Die Liebe ist also eine universelle Kraft, ohne die wir nicht leben können. Verliebt sein ist nicht eine eingebildete Phantasie, sondern ein überlebenswichtiges Gefühl. Ohne verliebt zu sein, entsteht keine Liebe zwischen Mann und Frau, und ohne Liebe gibt es keine Fortpflanzung. Die Menschheit wäre ohne Verliebtsein also längst ausgestorben oder gar nicht erst entstanden.

Wollen wir also jetzt etwas für die Liebe tun. Durch ein Liebesritual können Sie die Gefühle eines möglichen Partners für Sie günstig beeinflussen, indem Sie mit der Macht Ihrer Gedanken die Liebe in seinem Herzen und in seinem Kopf entflammen und anheizen. Das können Sie sich ungefähr so vorstellen, wie wenn Sie eine Glut in Ihrem Kamin haben.

Durch Luftzufuhr, also durch Pusten, fängt die Glut plötzlich an zu brennen, und wenn Sie noch Holz hinzugeben, kann daraus ein lichterloh brennendes Feuer werden.

Realistische Ziele

Bild links:
Die Liebe ist eine Himmelsmacht. Mit ganz bestimmten Ritualen können Sie ihr ein wenig auf die Sprünge helfen.

Grundvoraussetzung für jedes Liebesritual ist allerdings, dass der gewünschte Partner Sie zumindest schon einmal registriert hat. Es ist vollkommen zwecklos, damit einen berühmten Star anlocken zu wollen; er hat von Ihnen noch nie Notiz genommen und kann

Ein bei Kerzenlicht verfasster Wunschzettel hilft bei der Wahl des richtigen Partners. Verlieren Sie dabei jedoch nicht den Sinn für die Realität.

deshalb auch nicht für Sie entflammen. Sinnvoll ist es in jedem Falle, vor einem Liebesritual ein Orakel zu befragen, ob der auserwählte Partner oder die Partnerin überhaupt zu Ihnen passen würde. Um das herauszufinden, können Sie beispielsweise das zuvor beschriebene Tarot befragen.

Wenn Sie ein Foto Ihres Wunschpartners besitzen, legen Sie dieses mit auf den Altar, und zwar auf den Wunschzettel.

Das große Liebesritual

Für das große Liebesritual wenden Sie eine ähnliche Vorgehensweise an, wie Sie sie schon bei den Ritualen des Jahreskreises und beim Gesundheitsritual kennen gelernt haben.

Zutaten

Eine rote Tischdecke
Zwei weiße Kerzen
Eine rote Ritualkerze
Die magischen Öle Venus, Come to me und Theas Love-Öl
Die Räucherung Fire of Love
Theas Adonis-Räucherung (für Frauen)
Theas Aphrodite-Räucherung (für Männer)
Ein Räucherkessel
Sand
Räucherkohle
Ein Mörser

Ein Haselnusszweig als Zauberstab
Ein weißes Blatt Papier
Ein Stift
Eine rote Rose

Der richtige Zeitpunkt

Das Liebesritual führen Sie an sieben Freitagen hintereinander durch, jeweils zwischen 14.00 und 15.00 Uhr oder zwischen 21.00 und 22.00 Uhr (nach der Winterzeit).

Theas Adonis-Räucherung eignet sich für Frauen, um den idealen Partner anzuziehen; die Aphrodite-Räucherung bewirkt das gleiche für Männer. Die Traumfrau wird nicht lange auf sich warten lassen.

Vorbereitung

Stellen Sie einen kleinen Tisch oder ein Tablett Richtung Osten auf, und legen Sie die rote Altardecke darauf. In die Mitte des Tisches legen Sie Ihren Wunschzettel, das weiße Blatt Papier, auf das Sie genau schreiben, mit Angabe Ihres vollen Namens, was Sie sich wünschen. An die oberen Ecken des Wunschzettels stellen Sie die zwei weißen Kerzen und in die Mitte des Papiers die rote Ritualkerze. Ölen Sie die beiden weißen Kerzen mit Venus-Öl ein und die Ritualkerze mit Come-to-me- und Theas Love-Öl. Ölen Sie die Kerzen mit je einem Tropfen Öl, den Sie zwischen Daumen und Zeigefinger zerreiben, von der Mitte nach oben und von der Mitte nach unten ein. Oben in die Mitte des Altars kommt die Vase mit der roten Rose. Stellen Sie vor die Ritualkerze das Räuchergefäß, geben Sie etwas Sand hinein und eine angezündete Räucherkohle darauf. Warten Sie eine Weile, bis die Räucherkohle ausreichend durchgeglüht ist. Zerstoßen Sie dann etwa einen halben Kaffeelöffel von Theas Adonis- bzw. Aphrodite-Räucherung in dem Mörser, und geben Sie dann einen halben Kaffeelöffel Fire-of-Love-Räucherung dazu. Wenn die Kohle einen weißen Film hat, ist sie richtig.

Durchführung des Rituals

Entzünden Sie die Kerzen. Nehmen Sie den Zauberstab aus Haselnuss, und zeichnen Sie damit symbolisch im Uhrzeigersinn einen Kreis um sich und den Altar. Geben Sie die Räuchermischung auf die Kohle. Setzen Sie sich in bequemer Haltung vor Ihren Altar, und sprechen Sie laut:

Ich heiße Euch willkommen,
Ihr Mächte des Kosmos,
Ihr Göttinnen und Götter,
und ich heiße vor allem Dich willkommen,
große Göttin Venus,
die Du über alle Liebenden wachst
und meine wahre Liebe zu mir führst.
Bitte stehe mir bei diesem Ritual bei
und gib mir all Deine Kraft,
so dass ich mein Ziel erreichen werde.

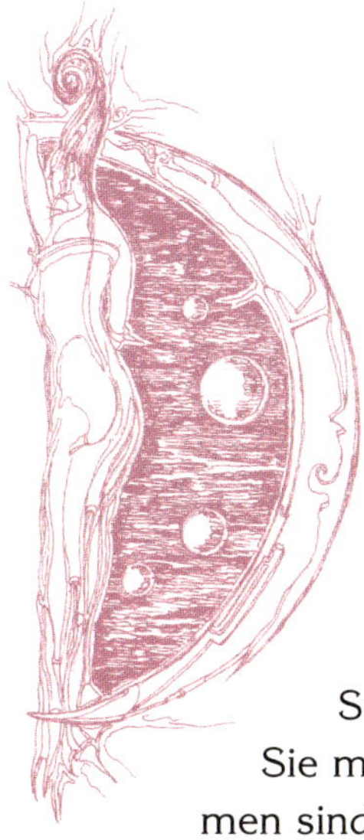

Visualisieren des Wunsches

Schließen Sie nun die Augen, und stellen Sie sich vor, wie Sie mit Ihrem Wunschpartner in Glück und Harmonie zusammen sind. Variieren Sie diese Vision, bis sie genau so ist, wie Sie Ihr Ziel vor Augen haben möchten. Das Bild, das Sie sehen, muss so real wie nur möglich sein; versuchen Sie nicht nur zu sehen, sondern die Situation auch zu fühlen, zu riechen, zu hören und vor allem in Ihrem tiefsten Inneren zu empfinden. Arbeiten Sie mindestens zehn Minuten daran.

Das Ritual beschließen

Warten Sie bitte nicht ununterbrochen darauf, dass sich der Traumpartner nun endlich meldet. Sie haben Ihren Wunsch an den Kosmos abgegeben – lassen Sie ihn los, und konzentrieren Sie sich auf andere Dinge.

Öffnen Sie Ihre Augen wieder, und bedanken Sie sich bei Ihren Helfern für ihre Aufmerksamkeit:

Ihr Mächte des Kosmos,
Ihr Göttinnen und Götter,
und vor allem Du, große Göttin Venus,
ich danke Euch für Eure Hilfe,
für Eure Aufmerksamkeit und
für die Kraft, die Ihr mir gebt,
meine Ziele zu erreichen.
Ich entlasse Euch nun wieder
und weiß, dass Ihr allezeit an meiner Seite weilt.

Das Ritual ist damit beendet. Nehmen Sie Ihren Zauberstab, und öffnen Sie den Ritualkreis wieder, indem Sie symbolisch einen Kreis

um sich und Ihren Altar entgegen dem Uhrzeigersinn in die Luft zeichnen. Löschen Sie die Kerzen. Um zurück auf den Boden der Tatsachen zu gelangen, sollten Sie nun essen und trinken.

Einsatz des Talismans

Wenn Sie einen roten Liebeskobold oder Liebestalisman besitzen, nehmen Sie diesen mit in das Ritual; legen Sie ihn entweder auf den Altar, oder halten Sie ihn währenddessen in der linken Hand.

Legen Sie Ihrem Liebeskobold immer eine Feder bei. So kann er Ihnen überallhin folgen und Ihr Glück mit beeinflussen.

Vergraben von Wunschzettel und Kerzen

Nach dem siebten Freitag nach dem Ritual packen Sie Ihren Wunschzettel und die Kerzen zusammen und vergraben sie unter einem Apfelbaum. Dieser Baum ist gut gewählt, denn der Apfelbaum gilt seit uralten Zeiten als Baum der Liebe; seine Früchte, die Äpfel, sind die Liebesfrüchte schlechthin. Ihr Wunsch wird genau wie dieser Apfelbaum die Liebe als Frucht tragen.

Alte Liebesorakel

Die Zukunft interessiert uns immer sehr. Und natürlich ganz besonders unsere Zukunft in der Liebe. Wer möchte nicht gerne wissen, ob er oder sie früher oder später die Liebe des Lebens kennen lernt, heiratet, Kinder bekommt, eine glückliche Beziehung führt... Auch in früheren Zeiten hat dieses Thema die Menschen beschäftigt. Daher möchte ich ein altes Liebesorakel vorstellen, das durchgeführt wird, um zu zeigen, ob und wann der richtige Partner kommt.

Münzenwerfen

Stellen Sie einen Topf mit Wasser auf den Boden. Werfen Sie eine Münze in diesen Topf. Wenn sie liegen bleibt und der Kopf nach oben zeigt, finden Sie noch im gleichen Jahr den richtigen Partner (in der Silvesternacht geworfen, gilt die Prophezeiung für das nächste Jahr!). Wenn die Münze erst nach dem dritten oder vierten Wurf mit dem Kopf nach oben in dem Topf zur Ruhe kommt, dauert es entsprechend viele Jahre, bis sich das wahre Glück einstellt.

Das größte Glück ist für viele Menschen die Besiegelung der Liebe – durch den Schritt zum Traualtar.

Stabwerfen

Ein anderes altes Orakel besagt: Wenn man einen Holzstab in einen Walnussbaum wirft und er darin hängen bleibt, heiratet man noch im gleichen Jahr.

Liebesorakel sind auch heute noch sehr beliebt. Man denke nur an das alte Spiel mit dem Gänseblümchen: ›Er liebt mich, er liebt mich nicht . . .‹

Ein Talisman für die Liebe

Um die große Liebe zu finden, aber auch um die bestehende Liebe zu erhalten, können Sie sich selbst einen Talisman herstellen. Da Sie diesen Ritualgegenstand mit Ihrer eigenen Energie herstellen und aufladen, ist er von extremer Wirksamkeit. Und Sie werden sehen – auf Ihren Traumpartner müssen Sie von jetzt an nicht mehr lange warten. Und wenn Sie Ihren Partner nicht suchen müssen, sondern schon einen Partner haben, er aber noch nicht völlig Ihren Träumen entspricht, dann wird sich Ihr momentaner Partner bestimmt bald positiv verändern.

Ein Amulett herstellen

Zunächst besorgen Sie sich ein Kupfermedaillon ohne Gravur. Also am besten einfach ein rundes Kupferstück mit einem Durchmesser von ca. drei bis vier Zentimetern und mit einer Öse, um eine Kette durchzuziehen.

Der richtige Zeitpunkt

Um das Amulett entsprechend zu bearbeiten, wählen Sie die Stunden von 14.00 bis 15.00 Uhr oder von 21.00 bis 22.00 Uhr am Freitag, also die Venusstunden.

Das Ritual

Während Sie an dem Talisman arbeiten, lassen Sie auf dem Tisch zwei weiße Kerzen brennen. Zeichnen Sie zunächst mit einem dünnen Filzstift Ihr eigenes Sternzeichen und die Zeichen von Venus und Jupiter auf die Kupferplatte. Meißeln Sie dann mit einem Gravierstift die Zeichen ein. Wenn das Medaillon fertig ist, tragen Sie es am besten mit einer Kette oder mit einem Lederband um den Hals.

Allein schon die Tatsache, dass Sie Ihr selbst gefertigtes Amulett tragen, wird die Aufmerksamkeit der Männer nun vermehrt auf Sie lenken.

Talismanorakel

Begegnen Sie mit dem Liebestalisman um den Hals einem Mann, der Ihnen gefällt, können Sie das Medaillon in die Hand nehmen und fragen: »Ist das der Mann, der zu mir gehört? Wenn ja, so lass ihn sofort zu mir kommen!« Oder Sie warten einfach, wie das Liebesamulett von ganz alleine wirkt. Wenn Sie schon einen passenden Partner gefunden haben, wird der Talisman dafür sorgen, dass Ihre Liebe beschützt und in Harmonie wachsen kann.

Verführungsritual

Sie haben sich schon einen Partner ausgesucht, aber er ist leider entweder zu schüchtern oder noch nicht motiviert genug, um den ersten Schritt zu tun? Na und, das können Sie selbst viel besser! Ich möchte Ihnen hier ein Rezept verraten, mit dem Sie jeden Partner sicher verführen können.

Der richtige Zeitpunkt

Sie laden Ihren Wunschpartner an einem Freitagabend zu sich nach Hause zum Essen ein. Ein gutes Abendessen kann er bestimmt nicht ausschlagen.

Champagner ist ohnehin ein verzauberndes Getränk. Ist es mit den Energien Ihres Lieblingsringes angereichert, kann Ihnen Ihr Gast nicht mehr widerstehen.

Vorbereitung

Dekorieren Sie den Esstisch mit roten Blumen, roten Kerzen und roten Servietten. Sorgen Sie für gedämpftes Licht, am besten eignet sich sanftes Kerzenlicht, und legen Sie eine romantische Musik auf.

Vergessen Sie für die Liebesnacht trotzdem nicht, für eine erotische Atmosphäre zu sorgen. Selbst der beste ›Muntermacher‹ wirkt nicht, wenn das Licht grell ist und Sie in der ausgeleierten Jogginghose daherkommen.

Der Champagnerzauber

Vor dem Essen reichen Sie Ihrem Gast ein Glas Champagner, in den Sie Ihren Lieblingsring gelegt haben. Und dieser Zauber geht so: Füllen Sie am Abend zuvor das Glas etwa halb voll mit Champagner. Legen Sie Ihren Lieblingsring in das Glas, und lassen Sie es über Nacht stehen. Kurz bevor Sie Ihrem Gast am nächsten Tag das Glas geben, nehmen Sie den Ring wieder heraus und füllen das Glas mit frischem Champagner auf. Sonst schmeckt das Gebräu sehr fade, und das soll ja an so einem wichtigen Abend wirklich nicht sein. Denn prickelnder Champagner belebt jeden Liebesabend zu zweit und ganz besonders, wenn er mit Liebeszauber aufgeladen ist.

Ein Liebesmenü

Der zweite Teil des Verführungsrituals besteht aus einem Liebesmenü mit ganz besonderen Zutaten. Die extrem wirkungsvolle Magie der Petersilie in Liebesdingen wurde schon erwähnt. Als Vorspeise gibt es deshalb eine Suppe mit Sellerie und Petersilie. Als Hauptgang servieren Sie Spaghetti mit einer roten Tomatensauce

und ein großes Angussteak dazu. Als Beilage bereiten Sie einen grünen Salat, ebenfalls mit Petersilie. Die Nachspeise besteht aus Mohnkuchen und einem starken Espresso, damit keine Müdigkeit aufkommt. Zum Essen trinken Sie einen kräftigen Rotwein.

Erotische Farben

Ihre Kleidung ist bei diesem Anlass sehr wichtig. Tragen Sie attraktive Dessous, möglichst in Rot oder Schwarz. Das sieht nicht nur toll aus, sondern wird Ihnen auch ein erotisches Körpergefühl und damit eine verführerische Ausstrahlung verleihen. Als Parfüm wählen Sie am besten das magische Cleopatra-Öl.

Seien Sie beim Würzen der Speisen auf keinen Fall zu sparsam. Gewürze, ob nun Pfeffer, Paprika oder Rosmarin, wirken sehr anregend auf die männlichen Hormone.

Der rote Faden der Treue

Also, wie soll ich es ausdrücken, wenn Sie nun mit ihm… Sie sind also inzwischen mit Ihrem Gast im Schlafzimmer verschwunden. Halten Sie für diese Gelegenheit einen roten Faden bereit. Während Sie nun also mit ihm…, knüpfen Sie heimlich hinter seinem Rücken drei Knoten in den Faden. Bei jedem dieser Knoten wünschen Sie sich etwas, was Sie sich von dieser Partnerschaft erwarten. Den Faden mit den drei Knoten sollten Sie anschließend in einem seiner Kleidungsstücke so verstecken, dass er es nicht merkt. Seine immer währende Treue wird Ihnen gewiss sein.

Die Potenz steigern

In längeren Beziehungen kann es schon vorkommen, dass der Partner leichte Potenzschwierigkeiten bekommt. Verfallen Sie jetzt nicht in Panik, denn es liegt bestimmt nicht an Ihnen. Meist haben Schwierigkeiten dieser Art bei Männern rein körperliche Ursachen, die etwa mit etwas fortgeschrittenerem Alter auftreten können.

Eine wirksame Mischung

Nehmen Sie ein Glas Rotwein, und geben Sie je eine gute Prise Ginsengpulver und Ingwer hinein, dazu einen halben Teelöffel Rosmarin. Lassen Sie das Ganze sieben Tage an einem dunklen Ort

durchziehen, und sieben Sie dann den Wein ab. Sie können ihn aufbewahren, bis Sie ihn brauchen. Wenn er diesen Wein trinkt, werden Sie Ihren Partner ganz bestimmt erst einmal nicht wieder erkennen. Einer intensiven Liebesnacht steht nun mit großer Wahrscheinlichkeit nichts mehr im Wege.

Warnung

Das empfohlene Mittel ist ausgesprochen wirkungsvoll. Aber ich muss Sie warnen: Es ist allerdings dann mit großer Vorsicht zu genießen, wenn Ihr Partner unter Bluthochdruck leidet. In diesem Fall sollten Sie unbedingt einen Arzt konsultieren, bevor Sie es anwenden können.

Gegen Potenzstörungen – sofern das Problem nicht wirklich massiv ist und ärztlicher Behandlung bedarf – können Sie mit Magie etwas tun.

Ein kleines Liebesritual

Um der Liebe Flügel zu verleihen, kann Magie sehr wirkungsvoll sein. Mit diesem kleinen Ritual zum Thema »Liebe« gehen Ihre Wünsche in Erfüllung, wenn Sie es regelmäßig wie im Folgenden beschrieben anwenden.

Der richtige Zeitpunkt

Führen Sie an drei Freitagen hintereinander jeweils zwischen 22.00 und 23.00 Uhr das folgende kleine Liebesritual durch; Sie werden die Wirkung bald merken.

Vorbereitung

Sammeln Sie zunächst Eichenblätter, geben Sie diese zusammen mit einigen Tropfen Rosenöl in Ihr Badewasser, und nehmen Sie ein Vollbad. Anschließend bauen Sie sich an einem ruhigen Ort in Ihrer Wohnung einen kleinen Altar auf, auf den Sie eine weiße Kerze und Theas Liebeskerze stellen. In die Liebeskerze ritzen Sie den Namen Ihres Liebsten. Stellen Sie drei Rosen, eine weiß und zwei rot, dazu. Auch Muscheln gehören auf den Altar, da Venus, die Göttin der Liebe, Muscheln liebt. Reiben Sie die weiße Kerze mit ein paar Tropfen Come-to-me-Öl ein.

Durchführung des Rituals

Zünden Sie nun beide Kerzen an, und stellen Sie sich zunächst einige Minuten bildlich vor, wie er Ihnen endlich seine Liebe gesteht und wie Sie beide in Glück und Harmonie zusammenleben. Sprechen Sie danach Ihren Wunsch auch laut aus. Beenden Sie das Ritual stets damit, dass Sie den höheren Mächten danken, weil sie Ihren Wunsch unterstützen. Spätestens nach diesen drei Freitagen wird der gewünschte Partner sich bestimmt bei Ihnen melden.

Rezepte für die Liebe

Ein paar kleine, nützliche Tipps möchte ich Ihnen hier noch mit auf den Weg geben. Die Liebe geht zwar auch durch den Magen, aber in erster Linie geht die Liebe durch die Nase. Düfte regen an oder stoßen ab. Nicht umsonst »kann man jemanden nicht riechen«.

Magische Öle können generell wie Parfüm auf die Haut aufgetragen werden. Sie entfalten dabei eine optimale Wirkung.

Liebesdüfte

Um die Liebe eines anderen Menschen zu gewinnen, hilft oft schon die sorgfältige Auswahl des Parfüms. Ein paar Tropfen Rosenöl, in Jojobaöl gemischt, wecken das Liebesempfinden und die Zärtlichkeit. Für die erotische Verführung eignet sich eine Mischung aus Pfefferöl und Ylang-Ylang. Damit er sich bei Ihnen zu Hause wohl fühlt, geben Sie einige Tropfen Vanilleöl in die Duftlampe. Wenn Sie befürchten, er könnte Sie verlassen, helfen ein paar Tropfen Veilchenblätteröl, das Erinnerungsvermögen an die wunderbaren Zeiten mit Ihnen aufzufrischen. Wermutkraut, unter das Bett gestreut, verhindert, dass er sich nach anderen Frauen umsieht.

Ein erotisches Menü

»Liebe geht durch den Magen.« Denken Sie auch beim Kochen stets daran, dass schon ein gutes Essen den Liebsten verführen kann. Unsere Küchenkräuter tragen dazu viel bei. Petersilie, Sellerie und Pfeffer sind stimulierend und sollten in keinem Liebesmenü fehlen. Eine rote Sauce lässt ihn an mehr denken als nur an seinen Magen. Der Mohnkuchen zum Nachtisch stärkt sein Durchhaltevermögen.

Rituale für den Erfolg

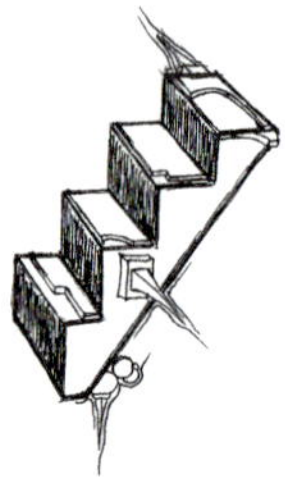

Kommen wir nun nach Gesundheit und Liebe zu einem weiteren wichtigen Thema in unserem Leben. Erfolg im Beruf, in geschäftlichen Aktivitäten allgemein und grundsätzlich im Umgang mit anderen ist auf materieller Ebene ein elementares Bedürfnis.

Wie sagt man doch: ›Erfolg macht schön!‹ Das ist nicht ganz unwahr. Wer erfolgreich ist, hat auch eine ganz andere Ausstrahlung und wirkt dadurch anziehend auf andere Menschen.

Schwierige Zeiten

Gerade in der heutigen Zeit, in der die Arbeitslosigkeit stetig steigt, können wir einiges dazu tun, erfolgreich Arbeit zu finden, im Job gut vorwärts zu kommen und andere Menschen positiv zu beeinflussen. Ohne Erfolg fühlen wir uns nutzlos und unfähig. Leider wird es in unseren Zeiten immer schwieriger, sich aus eigener Kraft eine stabile Existenz aufzubauen, sein profundes Können unter Beweis zu stellen und beruflich weiterzukommen.

Positiv denken

Der Leistungsdruck, der auf jeden Einzelnen ausgeübt wird, ist enorm. Durch ein mit positiven Gedanken durchgeführtes Erfolgsritual können Sie sich selbst positiv gegenüber einer Steigerung Ihrer Erfolgsquote einstellen und das destruktive Gefühl verlieren, dass aus Ihren hochfliegenden Plänen ja doch nichts wird. Sie sorgen mit einem magischen Ritual auch dafür, dass die himmlischen, kosmischen Kräfte Ihnen bei Ihren beruflichen Plänen helfend zur Seite stehen. Beginnen wir also mit dem großen Erfolgsritual, das schon bald seine Wirkung auf Ihr Leben zeigen wird.

Das große Erfolgsritual

Magie ist eine wichtige Unterstützerin Ihrer Erfolgspläne, denn Sie rufen damit helfende Kräfte herbei und gewinnen an Vertrauen in Ihre eigenen Kräfte. Für das große Erfolgsritual wenden Sie eine ähnliche Vorgehensweise an, wie Sie sie schon bei den Ritualen des Jahreskreises und anderen Ritualen kennen gelernt haben.

Bild links: Die meisten Menschen müssen für ihren ganz persönlichen Erfolg hart arbeiten. Es gibt einige magische Rituale, die auf diesem Weg unterstützend sein können.

Zutaten

Eine blaue Tischdecke
Zwei weiße Kerzen
Eine blaue Ritualkerze
Die magischen Öle Success, Better Business und Angel
Crown-of-Success-Räucherung
Theas Karriere-Räucherung
Ein Räucherkessel
Sand
Räucherkohle
Ein Mörser
Ein Haselnusszweig als Zauberstab
Ein weißes Blatt Papier
Ein Stift
Ein Strauß blaue Blumen

Es ist wichtig, den Wunsch möglichst genau und präzise zu Papier zu bringen. Je genauer Ihre Vorstellung ist, desto besser wird das Ergebnis.

Der richtige Zeitpunkt

Wie bei allen bisher vorgestellten Ritualen gibt es einen Zeitraum, in dem der Wunsch am besten thematisiert wird. Das Erfolgsritual führen Sie an sieben Mittwochen hintereinander durch, jeweils zwischen 14.00 und 15.00 Uhr oder zwischen 21.00 und 22.00 Uhr (nach der Winterzeit).

Wie bei allen anderen Ritualen kommt es auch bei dem großen Erfolgsritual auf die besondere Auswahl der Zutaten an.

Vorbereitung

Stellen Sie einen kleinen Tisch oder ein Tablett Richtung Osten auf, und legen Sie die blaue Altardecke darauf. In die Mitte des Tisches legen Sie Ihren Wunschzettel, das weiße Blatt Papier, auf das Sie genau schreiben, mit Angabe Ihres vollen Namens, was Sie sich wünschen. An die oberen Ecken des Wunschzettels stellen Sie die zwei weißen Kerzen und in die Mitte des Papiers die blaue Ritualkerze. Ölen Sie die beiden weißen Kerzen mit Angel-Öl ein und die Ritualkerze mit Success- und Better-Business-Öl.

Erfolg ist immer auch eine Frage des Selbstbewusstseins. Wenn Sie selbst an Ihren Erfolg glauben, werden es die anderen auch tun.

Ölen Sie die Kerzen mit je einem Tropfen Öl, den Sie zwischen Daumen und Zeigefinger zerreiben, von der Mitte nach oben und von der Mitte nach unten ein. Oben in die Mitte des Altars kommt die Vase mit den blauen Blumen. Stellen Sie vor die Ritualkerze das Räuchergefäß, geben Sie etwas Sand hinein und eine angezündete Räucherkohle darauf. Während Sie warten, bis die Räucherkohle gut durchgeglüht ist, zerstoßen Sie ca. einen halben Kaffeelöffel von Theas Karriereräucherung in dem Mörser und geben dann einen halben Kaffeelöffel Crown-of-Success-Räucherung dazu. Wenn die Kohle einen weißen Film hat, ist sie richtig.

Durchführung des Rituals

Entzünden Sie die Kerzen. Nehmen Sie den Zauberstab aus Haselnuss, und zeichnen Sie damit symbolisch im Uhrzeigersinn einen Kreis um sich und den Altar. Geben Sie die Räuchermischung auf die Kohle. Setzen Sie sich in bequemer Haltung vor Ihren Altar, und sprechen Sie laut:

Ich heiße Euch willkommen,
Ihr Mächte des Kosmos,
Ihr Göttinnen und Götter,
und ich heiße vor allem Dich willkommen,
große Göttin Aradia,
die Du uns die Zauberkraft gebracht hast,
die über meinen Erfolg wacht und ihn fördert.
Bitte stehe mir bei diesem Ritual bei
und gib mir all Deine Kraft,
so dass ich mein Ziel erreichen werde.

Visualisieren des Wunsches

Schließen Sie nun die Augen, und stellen Sie sich vor, wie Sie in Ihrem Wunschbüro sitzen, Aufträge ohne Ende annehmen und beispielsweise von Ihrem Chef ein Lob und eine Lohnerhöhung nach der anderen kassieren. Variieren Sie diese Vision, bis sie genau so ist, wie Sie Ihr Ziel vor Augen haben möchten.
Das Bild, das Sie sehen, muss so real wie nur möglich sein; versuchen Sie nicht nur zu sehen, sondern die Situation auch zu fühlen, zu riechen, zu hören und vor allem in Ihrem tiefsten Inneren zu empfinden. Arbeiten Sie mindestens zehn Minuten daran.

Das Ritual beschließen

Dann öffnen Sie Ihre Augen wieder und bedanken sich bei Ihren Helfern für ihre Aufmerksamkeit:

Ihr Mächte des Kosmos,
Ihr Göttinnen und Götter,
und vor allem Du, große Göttin Aradia,
ich danke Euch für Eure Hilfe,
für Eure Aufmerksamkeit und
für die Kraft, die Ihr mir gebt,
meine Ziele zu erreichen.
Ich entlasse Euch nun wieder
und weiß, dass Ihr allezeit an meiner Seite weilt.

Tragen Sie Ihren Talisman möglichst immer direkt auf der Haut, so hat er den besten Kontakt zu Ihnen. Er wirkt dann am besten.

Das Ritual ist damit beendet. Nehmen Sie Ihren Zauberstab, und öffnen Sie den Kreis wieder, indem Sie symbolisch einen Kreis um sich und Ihren Altar entgegen dem Uhrzeigersinn in die Luft zeichnen. Löschen Sie die Kerzen. Um wieder zurück auf den Boden der Tatsachen zu gelangen, sollten Sie nun etwas essen und trinken.

Einsatz des Talismans

Wenn Sie einen blauen Erfolgskobold besitzen oder einen Talisman zur Förderung Ihres Erfolges, nehmen Sie diesen mit in das Ritual; legen Sie ihn entweder auf den Altar, oder halten Sie ihn währenddessen in der linken Hand.

Alte Eichen haben schon viel gesehen und erlebt. Sie können Geschichten erzählen und zudem sehr gut zuhören.

Vergraben von Wunschzettel und Kerzen

Nach dem siebten Mittwoch packen Sie Ihren Wunschzettel und die Kerzen zusammen und vergraben sie unter einer Eiche. Dieser Baum ist enorm stark und kräftig und unterstützt Sie optimal bei Ihrem Vorhaben.

Die Eiche ist auch der Baum, der immer für Sie da ist, wenn Sie Kummer haben. Vertrauen Sie ihr ruhig Ihre Sorgen und Probleme an, und Sie werden gestärkt und voller Tatendrang wieder nach Hause kommen.

Erfolg am Arbeitsplatz

Wenn Sie den Wunsch nach mehr Power am Arbeitsplatz verspüren, sollten Sie handeln. Stellen Sie sich eine große blaue Kerze auf Ihren Schreibtisch, und ölen Sie diese mit ein paar Tropfen Success-Öl ein. Zünden Sie die Kerze immer dann an, wenn Sie denken, ein kleiner Schub von oben wäre jetzt wichtig. Vor allem sollte die Kerze immer dann brennen, wenn Sie gerade in wichtigen Verhandlungen stecken, wenn Sie knapp vor einem lukrativen Geschäftsabschluss stehen oder wenn trotz zahlreicher Bemühungen am Arbeitsplatz nichts mehr klappen will.

Verstärkung des Rituals

Nehmen Sie einen blauen Faden, schreiben Sie Ihre Wünsche bezüglich Ihrer Karriere auf ein Blatt Papier, zünden Sie auch dazu die blaue Kerze an. Geben Sie einen Tropfen Success-Öl in die vier

Ecken des Wunschzettels. Nun meditieren Sie über Ihren Wünschen und machen dabei fünf Knoten in den blauen Faden. Wickeln Sie nun den Faden in das Blatt ein, und deponieren Sie dieses Päckchen in einer Schreibtischschublade.

Blau – die Farbe des Erfolges

Blau unterstützt den Erfolg im Berufsleben. Diese Farbe steht daher im Zentrum aller Erfolgsrituale.

Wie ich schon mehrfach erwähnt habe, ist Blau die Farbe des Erfolges; es ist die Farbe der Kommunikation, der Weite und der unendlichen Möglichkeiten. Der blaue Anzug oder das blaue Kostüm hat sich im Geschäftsleben schon bestens bewährt. Tragen Sie zur Unterstützung bei wichtigen Unterredungen immer ein weißes Halstuch zur Erfolgsfarbe Blau. Das öffnet die Stimme und die Sprache, damit Sie Ihre Interessen gut vertreten können.

Talismane für den Erfolg

Ein Talisman unterstützt Sie in allen Lebenslagen. Speziell für den Erfolg – egal, ob im Beruf, im Alltagsleben oder in der Öffentlichkeit – gibt es bewährte Helfer. Als Talisman eignen sich verschiedene Gegenstände, die bestimmte Wünsche erfolgreich unterstützen.

- Als ersten und sehr wichtigen Talisman möchte ich an dieser Stelle das Sonnenamulett des Paracelsus nennen. Dieses Amulett fördert Ruhm und Anerkennung, verleiht Respekt und stärkt das Selbstvertrauen.
- Das keltische Kreuz gibt Kraft und Energie. Es erhöht unsere körperlichen und geistigen Fähigkeiten. Damit gibt es keine Aufgabe mehr, der Sie nicht gewachsen sind.
- Der Sephiroth-Stern zieht die Unterstützung der Naturgeister, Schutzengel und höherer kosmischer Kräfte an. Durch ihren Beistand leben wir im Einklang mit dem Kosmos und können jedes Ziel erreichen, das wir uns gesteckt haben.

Den Talisman aufladen

Sie haben sich nun für einen Talisman entschieden, der Ihre Wünsche am besten unterstützt. Damit er auf bestmögliche Art für Sie wirken kann, muss dieser Talisman mit Ihrer eigenen Energie auf-

geladen werden. Dazu bereiten Sie einen Altar, auf den Sie eine weiße Tischdecke breiten. Stellen Sie eine weiße Kerze und ein Glas Wasser, in das Sie eine Prise Salz gegeben haben, dazu. Legen Sie noch ein Sandelholzräucherstäbchen dazu. Nach diesen Vorbereitungen beginnt das eigentliche Ritual, mit dem Sie den Talisman aufladen. Gehen Sie wie folgt vor.

- Zünden Sie die Kerze und das Räucherstäbchen an. Nehmen Sie Ihren Talisman in die linke Hand, und führen Sie ihn zunächst über die Kerze. Dabei sprechen Sie folgende Worte:
  »Dieses Feuer gebe Dir die Kraft, meinen Willen durchzusetzen.«

- Besprenkeln Sie nun den Talisman mit ein paar Tropfen Salzwasser, und sprechen Sie:
  »Mit diesem Wasser bist Du ewig an mich gebunden.«

- Danach halten Sie ihn über die Räucherung und sprechen:
  »Durch diesen Rauch steigt auch Deine Energie nach oben und stellt den Kontakt zu den kosmischen Kräften her.«

- Jetzt ist der Talisman mit Energie aufgeladen und kann seiner Funktion entsprechend eingesetzt werden. Er wird Ihnen in allen Lebenslagen zur Seite stehen, wann immer Sie Hilfe und Unterstützung benötigen.

Mit dem Salzwasser taufen Sie Ihren Talisman und binden ihn an sich. Von nun an wird er Ihnen Hilfe bringen.

Die Energie von Talismanen kann man gut durch eine Räucherung aufladen.

Rituale für reichen Geldsegen

Geld ist wirklich ein leidiges Thema. Jeder Mensch wünscht es sich, jeder Mensch braucht es, und jedem Menschen steht es auch zu. Leider hat aber nicht jeder Mensch auch genügend von diesem Mittel, das das Leben doch sehr erleichtert. Deshalb hört man als Trost oft die Frage: »Aber macht Geld auch glücklich?« Durch unsere Erziehung haben wir gelernt, dass der Wunsch nach mehr Geld etwas Schlechtes sei. Warum muss das eigentlich so sein? Kann man Geld nicht auch als etwas Positives sehen, als etwas, mit dem man sich nicht nur egoistische Wünsche erfüllt, sondern auch an andere denkt? Eröffnet Geld nicht vielmehr die Möglichkeit, Gutes zu wirken und anderen Menschen zu helfen?

Geben Sie auf Geldscheine, bevor Sie sie ausgeben, immer einen kleinen Tropfen Big-Money-Öl in jede Ecke. So kommt der Schein schneller zu Ihnen zurück.

Geld ist neutral

Ein ziemlich dummer Spruch lautet: »Geld verdirbt den Charakter.« Geld kann nur einen Charakter verderben, der schon verdorben ist. Theoretisch gibt es Geld in Hülle und Fülle, und was soll schlecht daran sein, wenn man etwas davon abhaben möchte? Schadet man damit jemandem? Wohl nicht, es sei denn, man will es jemand anderem wegnehmen. Da aber genügend für alle da ist, kann man sich ruhigen Gewissens so viel Geld wünschen wie möglich, solange man Gutes für andere und auch für sich selbst bewirken will.

Gutes tun

Was soll an Reichtum schlecht sein? Schlecht ist Geld nur dann, wenn uns Neid, Eifersucht und Besitzgier plagen. Wenn Sie aber genügend Geld haben, haben Sie diese Gefühle wirklich nötig? Geld ist nur ein Mittel zum Zweck, es kommt bei vielen neutralen Dingen immer darauf an, was man damit anfängt. Wenn Sie gute Vorsätze haben, ein großzügiger Mensch sind und gerne geben, sollten Sie so viel Geld wie nur möglich besitzen. Geben Sie es mit vollen Händen aus, denn dann kommt es wieder zu Ihnen zurück.

Bild links: Jeder Mensch braucht Geld. Wenn Sie es für gute Zwecke haben möchten, kann die Magie helfen, den Geldsegen zu vergrößern.

Das große Geldritual

Für das große Geldritual wenden Sie eine ähnliche Vorgehensweise an, wie Sie sie schon bei den bisher beschriebenen Ritualen kennen gelernt haben.

Der richtige Zeitpunkt

Lorbeer ist die absolute materielle Erfolgspflanze. Schon die alten Römer wussten das und übergaben besonders verdienstvollen Männern einen Lorbeerkranz, der immer auch für Reichtum stand.

Das Geldritual führen Sie an sieben Donnerstagen hintereinander durch, jeweils zwischen 14.00 und 15.00 Uhr oder zwischen 21.00 und 22.00 Uhr (nach der Winterzeit).

Zutaten

Eine grüne Tischdecke
Zwei weiße Kerzen
Eine grüne Ritualkerze
Die magischen Öle Money Drawing, Big Money und Lucky Hand
Die Räucherungen Wealthy Way und Theas Reichtumsräucherung
Ein Räucherkessel
Sand
Räucherkohle
Ein Mörser
Ein Haselnusszweig als Zauberstab
Ein weißes Blatt Papier
Ein Stift
Eine Hand voll Lorbeerblätter

Vorbereitung

Stellen Sie einen kleinen Tisch oder ein Tablett Richtung Osten auf, und legen Sie die grüne Altardecke darauf. In die Mitte des Tisches legen Sie Ihren Wunschzettel, nämlich das weiße Blatt Papier, auf das Sie genau schreiben, mit Angabe Ihres vollen Namens, was Sie sich wünschen.
An die oberen Ecken des Wunschzettels stellen Sie die zwei weißen Kerzen und in seine Mitte die grüne Ritualkerze. Ölen Sie die beiden weißen Kerzen mit Lucky-Hand-Öl ein und die Ritualkerze mit Money-Drawing- und Big-Money-Öl. Ölen Sie die Kerzen mit je einem Tropfen Öl, den Sie zwischen Daumen und Zeigefinger

zerreiben, von der Mitte nach oben und von der Mitte nach unten ein. Verteilen Sie die Lorbeerblätter gleichmäßig über den ganzen Altar. Stellen Sie vor die Ritualkerze das Räuchergefäß, geben Sie etwas Sand hinein, und legen Sie eine angezündete Räucherkohle darauf. Während Sie warten, bis die Räucherkohle gut durchgeglüht ist, zerstoßen Sie ca. einen halben Kaffeelöffel von Theas Reichtumsräucherung in dem Mörser und geben dann einen halben Kaffeelöffel Wealthy-Way-Räucherung dazu. Wenn die Kohle einen weißen Film hat, ist sie richtig.

Riechen Sie auch den Geruch der Scheine, hören Sie das Rascheln, und sehen Sie das Lächeln der Gesichter, die Sie glücklich machen können.

Durchführung des Rituals

Entzünden Sie die Kerzen. Nehmen Sie den Zauberstab aus Haselnuss, und zeichnen Sie damit symbolisch im Uhrzeigersinn einen Kreis um sich und den Altar. Geben Sie die Räuchermischung auf die Kohle. Setzen Sie sich in bequemer Haltung vor Ihren Altar, und sprechen Sie laut:

Ich heiße Euch willkommen,
Ihr Mächte des Kosmos,
Ihr Göttinnen und Götter,
und ich heiße vor allem Dich willkommen,
große Göttin Fortuna,
Du Glücksfee unter den Göttinnen,
die Du für immer reiche Ernte sorgst.
Bitte stehe mir bei diesem Ritual bei
und gib mir all Deine Kraft,
so dass ich mein Ziel erreichen werde.

Visualisieren des Wunsches

Um den Wunsch in Erfüllung gehen zu lassen, müssen Sie vor Ihrem geistigen Auge sehen, was Sie sich wünschen.
Schließen Sie also die Augen, und stellen Sie sich vor, wie ein Regen von Geldscheinen auf Sie herniederprasselt, wie Sie einen Scheck in Ihrer Wunschhöhe in Händen halten.
Variieren Sie diese Vision, bis sie genau so ist, wie Sie Ihr Ziel vor Augen haben möchten. Das Bild, das Sie sehen, muss so real wie nur möglich sein; versuchen Sie nicht nur zu sehen, sondern die

Situation auch zu fühlen, zu riechen, zu hören und vor allem in Ihrem tiefsten Inneren zu empfinden. Arbeiten Sie mindestens zehn Minuten daran. Dann öffnen Sie Ihre Augen wieder und bedanken sich bei Ihren Helfern für ihre Aufmerksamkeit:

Ihr Mächte des Kosmos,
Ihr Göttinnen und Götter,
und vor allem Du, große Göttin Fortuna,
ich danke Euch für Eure Hilfe,
für Eure Aufmerksamkeit und
für die Kraft, die Ihr mir gebt,
meine Ziele zu erreichen.
Ich entlasse Euch nun wieder
und weiß, dass Ihr allezeit an meiner Seite weilt.

Fortuna ist die römische Göttin des Glücks und des Zufalls. Manchmal wird sie mit einem kleinen Amor dargestellt, der auf das Glück in Liebesdingen hinweist.

Das Ritual beschließen

Das Ritual ist damit beendet. Nehmen Sie Ihren Zauberstab, und öffnen Sie den Kreis wieder, indem Sie symbolisch einen Kreis um sich und Ihren Altar entgegen dem Uhrzeigersinn in die Luft zeichnen. Löschen Sie die beiden weißen Kerzen und die grüne Ritualkerze. Um wieder zurück auf den Boden der Tatsachen zu gelangen, sollten Sie nun etwas essen und trinken.

Auch dem Geldsegen kann man durch unterstützende Rituale auf die Sprünge helfen.

Einsatz des Talismans

Wenn Sie einen grünen Geldkobold besitzen oder einen Talisman für finanzielle Hilfe, nehmen Sie diesen mit in das Ritual. Legen Sie ihn entweder auf den Altar, oder halten Sie ihn in der linken Hand.

Vergraben von Wunschzettel und Kerzen

Nach dem siebten Donnerstag packen Sie Ihren Wunschzettel und die Kerzen zusammen und vergraben sie unter einem Kastanienbaum. Haben Sie etwas Geduld. Der Erfüllung Ihres Wunsches steht nun gar nichts mehr im Weg.

Lotterie und Glücksspiele

Die meisten Menschen müssen sich ihr Geld durch harte Arbeit verdienen, aber hin und wieder gelingt es doch einigen, beim Glücksspiel das große Los zu ziehen. Auf dieses Glück sollte man sich zwar nicht verlassen, wenn man einen Kredit zurückzahlen will, aber solange es nicht in eine Spielsucht ausartet, ist es eine durchaus reizvolle Idee, einen Geldsegen auf diese Art zu versuchen. Mit ein paar magischen Hilfsmitteln können Sie Ihrem Glück ein wenig auf die Sprünge helfen.

Lotterie zu spielen ist immer eine Verabredung mit dem Schicksal. Das Glück herauszufordern lässt uns für kurze Zeit die Illusion, im Glück zu leben.

Magie beim Lottoscheinausfüllen

Wenn Sie Ihren Lottoschein ausfüllen, tragen Sie zuvor ein paar Tropfen Big-Money-Öl wie Parfüm auf die Haut auf. Atmen Sie den Duft tief ein, und lassen Sie sich davon inspirieren. Stellen Sie dazu auch eine große grüne Kerze auf den Tisch, natürlich ebenfalls mit Big-Money-Öl eingerieben. Lassen Sie sich beim Ankreuzen ganz von Ihrer Intuition leiten. Dazu ist es zudem hilfreich, eine ruhige, entspannte Atmosphäre zu schaffen, vielleicht ein wenig Entspannungsmusik aufzulegen und das Zimmer etwas abzudunkeln. Natürlich nur so weit, dass Sie die Zahlen auf dem Schein noch gut sehen können. Geben Sie den Schein am besten an einem Donnerstag bei der Lottostelle ab; das ist der Tag des Jupiter und damit auch der Tag für Glück in Geldangelegenheiten.

Glücksfarben

Zu einem Besuch im Spielcasino ziehen Sie sich unbedingt etwas Grünes an, am besten mit etwas Blau kombiniert. Tragen Sie, wenn möglich, Schmuck mit Saphiren oder Aquamarin. Als Parfüm eignet sich auf jeden Fall das Big-Money-Öl, kombiniert mit einem Tropfen Lucky-Hand-Öl.

Die Gehaltserhöhung

In der Nacht vor dem wichtigen Gespräch sollten Sie auf jeden Fall richtig ausschlafen. Frisch und ausgeruht machen Sie einfach einen besseren Eindruck.

Ein wahrhaft kniffliger Moment: das Gespräch mit dem Chef über die Gehaltserhöhung. Bereiten Sie sich richtig darauf vor. Schreiben Sie sich zunächst auf, welche Argumente für ein höheres Gehalt Sie vorbringen möchten, beispielsweise Ihre Umsatzsteigerung in der Reklamationsabteilung oder den letzten großen Auftrag, den Sie allein an Land gezogen haben.

Der richtige Zeitpunkt

Als Termin für das wichtige Gespräch mit Ihrem Boss wählen Sie, wenn möglich, einen Donnerstag, den Tag des Jupiter, und am besten einen Zeitpunkt zwischen 14.00 und 15.00 Uhr, also in der Jupiterstunde.

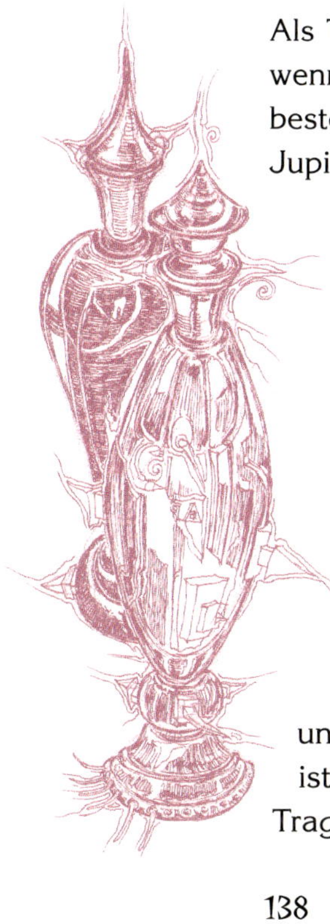

Zutaten

Eine grüne Kerze
Big-Money-Öl
Bend-over-Öl
Ein grünes Kostüm für Damen
Ein grauer Anzug mit einem grünen Hemd für Herren

Durchführung des Rituals

Zünden Sie sich auf Ihrem Schreibtisch eine grüne Kerze an, und ölen Sie diese zuvor mit Big-Money-Öl ein. Die Farbe Grün ist hier unerlässlich wichtig, denn sie symbolisiert den Wohlstand. Tragen Sie ein grünes Kostüm bzw. einen grauen Anzug mit einem

grünen Hemd. Als Parfüm wählen Sie Bend-over-Öl. Ihr Chef wird Ihren Wünschen nicht mehr widerstehen können und Ihnen eine Gehaltserhöhung zukommen lassen.

Der Traum vom großen Geld

Im Traum erfahren wir viel über die Zukunft, über unser Leben und unsere Gefühle. Träume sagen uns auch viel über unsere finanzielle Situation. So bedeuten beispielsweise Träume über schlechte, ausfallende oder plombierte Zähne tatsächlich nichts Gutes im Hinblick auf finanzielle Dinge. Solche Träume weisen auf finanzielle Verluste hin und warnen uns vor unvorsichtigen Ausgaben. Ganz anders Träume von Üppigkeit und Fülle: Sie versprechen uns Reichtum und Wohlstand.

- Wenn Sie von einem reifen, goldenen oder auch grünen Kornfeld träumen, bedeutet das großen Reichtum.
- Wenn Sie im Traum einen Frosch sehen, werden Sie bald viel Geld haben.
- Ein hoher Schornstein weist auf Reichtum hin.
- Eine schwangere Frau in Ihrem Traum macht Sie ebenfalls mit baldigem Geldsegen bekannt.
- Ein voller Lastwagen macht Ihren Geldproblemen ein baldiges Ende.
- Der Traum von einer reinen weißen Leinwand lässt auf Wohlstand hoffen.
- Wenn Sie sich selbst Kräuter essen sehen, bedeutet es immer unverhofften Wohlstand.

Wenn Sie davon träumen, einen Lottoschein auszufüllen, tun Sie es bitte im wachen Zustand auch – Sie haben dann gerade die richtige Intuition dafür.

Geldtalisman

Was für Erfolg und Liebe gilt, trifft auch auf Reichtum zu: Ein Talisman kann Ihren Wunsch unterstützen. Als wirkungsvollen Talisman zur Vermehrung des Geldes und des Wohlstandes empfehle ich das Amulett der acht Trigramme. Es stammt aus China und zeigt die acht Grundmuster des alten Orakels »I Ging«. Diese so genannten acht Trigramme zusammen unterstützen unsere Wünsche und Hoffnungen auf materielle Dinge. Das Glück ist mit diesem Talisman auf Ihrer Seite.

Schutzrituale

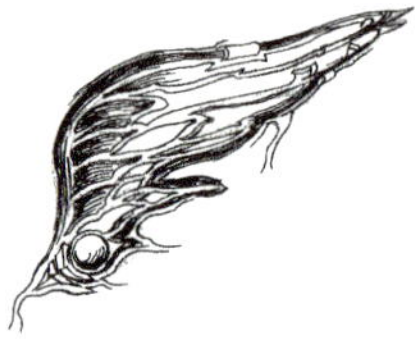

Die Welt ist voller Gefahren. Schutzmaßnahmen sind ein Teil unseres Lebens. Vor Krankheiten schützen wir uns mit Medikamenten, Vitaminen oder Vorsorgeuntersuchungen, bei Autounfällen soll uns der Airbag schützen, und warme Kleidung bewahrt uns vor den Wind- und Wetterlaunen der Natur. Aber wie schützen wir uns vor bösen Gedanken anderer Menschen, vor Intrigen und Verleumdungen? Das Gesetz gibt uns zwar teilweise Hilfsmittel an die Hand, gegen Bösartigkeiten vorzugehen, aber leider erst dann, wenn es zu spät ist und bereits etwas geschehen ist. Wir können uns aber auch mental schützen und die kosmischen Kräfte um Unterstützung bitten, so dass derartige Attacken erst gar nicht auf uns niederprasseln. Mit magischen Ritualen können wir Vorsorgemaßnahmen treffen.

Seien Sie, was Angriffe von außen angeht, nicht zu empfindlich. Manchmal sollen sie uns auch zeigen, dass wir auf dem falschen Weg sind.

Das große Schutzritual

Mit einem Schutzritual können Sie sich nicht nur schützen, sondern auch böse Wünsche an den Absender zurückschicken.

Zutaten

Eine schwarze Tischdecke
Zwei weiße Kerzen
Eine schwarze Ritualkerze
Die magischen Öle Bend over, Angel und Protection
Protection-Räucherung
Theas Räucherung der Hohepriesterin
Ein Räucherkessel
Sand
Räucherkohle
Ein Mörser
Ein Haselnusszweig als Zauberstab
Ein weißes Blatt Papier
Ein Stift
Ein paar Farnblätter

Bild links:
Neben Gesundheit, Liebe und Geld ist Schutz eines der größten und elementarsten Bedürfnisse aller Lebewesen.

Der richtige Zeitpunkt

Beziehen Sie bei diesem großen Schutzritual auch Ihre Familie mit ein. Deren Schutz liegt Ihnen schließlich auch am Herzen.

Das Schutzritual führen Sie an sieben Montagen hintereinander durch, jeweils zwischen 14.00 und 15.00 Uhr oder zwischen 21.00 und 22.00 Uhr (nach der Winterzeit).

Vorbereitung

Stellen Sie einen kleinen Tisch oder ein Tablett Richtung Osten auf, und legen Sie die schwarze Altardecke darauf. In die Mitte des Tisches legen Sie Ihren Wunschzettel, das weiße Blatt Papier, auf das Sie genau schreiben, mit Angabe Ihres vollen Namens, was Sie sich wünschen. An die oberen Ecken des Wunschzettels stellen Sie die zwei weißen Kerzen und in die Mitte des Papiers die schwarze Ritualkerze. Ölen Sie die beiden weißen Kerzen mit Angel-Öl ein und die Ritualkerze mit Bend-over- und Protection-Öl. Ölen Sie die Kerzen mit je einem Tropfen Öl, den Sie zwischen Daumen und Zeigefinger zerreiben, von der Mitte nach oben und von der Mitte nach unten ein. Die Farnblätter verteilen Sie auf Ihrem Altar.
Stellen Sie vor die Ritualkerze das Räuchergefäß, geben Sie etwas Sand hinein und eine angezündete Räucherkohle darauf. Während Sie warten, bis die Räucherkohle gut durchgeglüht ist, zerstoßen Sie ca. einen halben Kaffeelöffel von Theas Räucherung der Hohe-

Die Vorbereitung auf das Ritual schließt nicht nur die Umgebung, sondern auch Sie selbst ein. Mit Meditation können Sie abschalten und lernen, die Gedanken auf das Wesentliche zu lenken.

priesterin in dem Mörser und geben dann einen halben Kaffeelöffel Healing-Räucherung dazu. Wenn die Kohle einen weißen Film hat, ist sie richtig.

Durchführung des Rituals

Entzünden Sie die Kerzen. Nehmen Sie den Zauberstab aus Haselnuss, und zeichnen Sie damit symbolisch im Uhrzeigersinn einen Kreis um sich und den Altar. Geben Sie die Räuchermischung auf die Kohle. Setzen Sie sich in bequemer Haltung vor Ihren Altar, und sprechen Sie laut:

Ich heiße Euch willkommen,
Ihr Mächte des Kosmos,
Ihr Göttinnen und Götter,
und ich heiße vor allem Dich willkommen,
große Göttin Aradia,
die Du in Wahrheit Diana bist,
Du hast uns die Magie gebracht und
hältst Deine schützende Hand über uns.
Bitte stehe mir bei diesem Ritual bei
und gib mir all Deine Kraft,
so dass ich mein Ziel erreichen werde.

Wenn Sie sich schutzlos und sehr angreifbar fühlen, nehmen Sie, bevor Sie aus dem Haus gehen, Kava-Kava – das gibt es meist in Tablettenform – zu sich.

Visualisieren des Wunsches

Schließen Sie nun die Augen, und stellen Sie sich vor, wie Sie von einer schützenden Glasglocke umgeben sind. Alles Böse prallt daran ab, nur gute Energien und gute Menschen können zu Ihnen durchkommen. Böse Menschen haben keine Macht über Sie und können Ihnen nicht schaden. Das Bild, das Sie sehen, muss so real wie nur möglich sein; versuchen Sie nicht nur zu sehen, sondern die Situation auch zu riechen, zu hören und vor allem zu empfinden. Arbeiten Sie mindestens zehn Minuten daran.

Das Ritual beschließen

Dann öffnen Sie Ihre Augen wieder und bedanken sich bei Ihren Helfern für ihre Aufmerksamkeit:

Ihr Mächte des Kosmos,
Ihr Göttinnen und Götter,
und vor allem Du, große Göttin Aradia,
ich danke Euch für Eure Hilfe,
für Eure Aufmerksamkeit und
für die Kraft, die Ihr mir gebt,
meine Ziele zu erreichen.
Ich entlasse Euch nun wieder
und weiß, dass Ihr allezeit an meiner Seite weilt.

Der größte Schutz für Kinder ist ohne Frage die Liebe der Eltern. Liebe und Vertrauen geben dem Kind die Sicherheit, die es braucht, um behütet aufzuwachsen.

Das Ritual ist damit beendet. Nehmen Sie Ihren Zauberstab, und öffnen Sie den Kreis wieder, indem Sie symbolisch einen Kreis um sich und Ihren Altar entgegen dem Uhrzeigersinn in die Luft zeichnen. Löschen Sie die Kerzen. Um wieder zurück auf den Boden der Tatsachen zu gelangen, sollten Sie nun etwas essen und trinken.

Einsatz des Talismans

Wenn Sie einen schwarzen Schutzkobold besitzen oder einen Talisman zu Ihrem Schutz, nehmen Sie diesen mit in das Ritual; legen Sie ihn entweder auf den Altar, oder halten Sie ihn währenddessen in der linken Hand.

Vergraben von Wunschzettel und Kerzen

Nach dem siebten Montag packen Sie Ihren Wunschzettel und die Kerzen zusammen und vergraben sie unter einem Haselnussstrauch. Dieser Strauch ist das Symbol für weibliche Weisheit und für Schutz.

Schutz für das Kind

Gerade Kinder gilt es besonders zu schützen, um ihnen eine sorglose und glückliche Kindheit zu ermöglichen. Die ersten Erlebnisse im Leben eines Menschen prägen diesen nachhaltig, vor allem die negativen Erfahrungen. Gegen einige davon, wie beispielsweise Neid und Missgunst Dritter oder auch Verwünschungen, wurden früher verschiedenste Maßnahmen entwickelt.

◎ An einem Kinderjäckchen wurde immer mindestens ein Ärmel linksherum angenäht oder einfach das ganze Hemdchen verkehrt herum angezogen. Durch diesen »Makel« waren Kinder vor Unglück aufgrund übler Wünsche sicher.

◎ Wenn ein anderer Mensch außer Vater oder Mutter das Kind lobte, hieß es, man solle gleich darauf etwas Abschwächendes zu dem Lob sagen, damit der mit dem Lob verbundene mögliche Hintergedanke ihm nicht schaden könne.

◎ Eine weitere Möglichkeit, um Ihr Kind zu schützen, ist ein kleiner naturfarbener Schutzkobold, den Sie zu Ihrem Kind ins Bettchen legen.

◎ Außerdem sollten Sie Ihrem Kleinen täglich einen Tropfen Protection-Öl auf die Stirn reiben.

◎ Wenn ein Kind dem Babyalter entwachsen ist, bekommt es oft Kettchen mit Anhängern geschenkt. Wie wäre es da mit einer Schildkröte als Anhänger? Die Schildkröte ist das Symboltier für Schutz. Dies ist gut nachvollziehbar, denn Schildkröten tragen einen dicken Panzer, der sie rundherum schützt. Bekanntlich werden diese Tiere auch sehr, sehr alt.

Fahren Sie niemals unter Alkohol- oder Tabletteneinfluss Auto. Sie können dann Ihre eigenen Reaktionen nicht mehr abschätzen und überfordern auch Ihren Schutzengel.

Kinder brauchen ganz besonderen Schutz. Ein Talisman, beispielsweise ein kleiner Schildkrötenanhänger, kann Ihr Kind gut behüten.

Schutz für Autofahrer

Außer den bekannten Maßnahmen, sich beim Autofahren zu schützen, indem man die Straßenbeschilderung beachtet, sich angurtet und im Falle eines Crashs vom Airbag geschützt wird, gibt es noch ein paar magische Hilfsmittel, die Schutz gewähren. Zunächst einmal die bekanntesten:

- Legen oder hängen Sie sich ein Bild des heiligen Christophorus, des Schutzpatrons der Reisenden, in Ihr Auto.
- Zusätzlich können Sie ein Säckchen mit schwarzen Pfefferkörnern hineinlegen, denn Pfeffer hat eine sehr starke Schutzwirkung.
- Außerdem möchte ich Ihnen noch das Angel-Öl empfehlen. Es wird wie Parfüm aufgetragen und aktiviert Ihren Schutzengel.

Schutz gegen magische Angriffe

Reinigen Sie Ihre Wohnung und Ihr Umfeld ab und zu mit einer Salbei-Räucherung. Magische Angriffe von außen werden dadurch abgehalten.

Der Verdacht auf magische Angriffe ist ein sehr heikles Thema, denn ich habe oft genug festgestellt, dass Menschen sich sehr schnell von außen, von anderen und vor allem mit magischen Mitteln angegriffen fühlen, wenn sie selbst mit ihrem Leben nicht mehr zurechtkommen. Es ist so viel einfacher, unsichtbaren, höheren Kräften die Schuld für das eigene Versagen in die Schuhe zu schieben, als die Situation nüchtern und klar zu analysieren und auch den eigenen Anteil an der verworrenen Situation zu erkennen. Also sollte man mit solchen Beschuldigungen sehr vorsichtig sein und zunächst einmal bei sich selbst suchen, bevor man an andere Ursachen denkt.

Schützende Reinigung

Zuerst führen Sie eine magische Reinigung durch: Stellen Sie sich selbst und Ihre Familie ins Licht, und visualisieren Sie eine schützende Glasglocke, die alle schlechten Energien von Ihnen abhält.

- Um Negatives von sich selbst fern zu halten oder zu entfernen, nehmen Sie am besten ein Vollbad mit einem Liter Apfelessig darin. Spülen Sie auch Ihre Haare damit ab, denn die Haare sind unsere Antennen. Hier sind wir am leichtesten angreifbar.

◎ Reinigen Sie Ihre Wohnung mit Putzwasser, in das Sie einen Liter Basilikumsud geben. Hier das Rezept: Kochen Sie zwei Esslöffel Basilikumblätter in einem Liter Wasser ca. zehn Minuten. Gießen Sie den Sud dann durch ein Sieb in das vorbereitete Putzwasser.

Das Bewusstsein, Hilfe zu erhalten, lässt uns das Leben, unsere Mitmenschen und alle kosmischen Helfer an unserer Seite erst richtig schätzen.

◎ Ätherisches Eisenkrautöl in der Duftlampe reinigt die Atmosphäre von allem Negativen. Wenn Sie dazu noch Salbei räuchern und anschließend gut durchlüften, sollte Ihre Wohnung wirklich frei von allen üblen Einflüssen sein.

Wenn jedoch alles nichts mehr hilft und Sie das Gefühl nicht loswerden, dass schwarzmagische Einflüsse Ihnen das Leben schwer machen, ohne dass Sie selbst etwas daran ändern können, sollten Sie sich an eine initiierte Hexe oder einen Magier Ihres Vertrauens wenden und Ihren Verdacht schildern. Denn dann kann nur sie oder er diese Energiequellen aufspüren und mit sinnvollen, magischen Mitteln ins Positive wenden.

Schutz für Haus und Garten

Sie können aber auch selbst viel zum Schutz vor negativen Einflüssen tun. Hier möchte ich Ihnen einige Rezepte vorstellen, wie Sie Haus und Garten vor schlechten Einflüssen schützen. Zum Teil stammen sie aus uralten Quellen.

◎ Ganz leicht schützen Sie Ihr Haus, indem Sie ein Pfeffersäckchen über die Haustür hängen.

◎ Wenn Sie Menschen zu Besuch haben, in deren Gegenwart Sie sich unbehaglich fühlen, werfen Sie ihnen, wenn sie gehen, etwas Salz hinterher. So nehmen diese Menschen ihre unangenehme Energie auch wieder mit, und nichts davon bleibt in Ihrem Haus.

◎ Die wirkungsvollsten Schutzpflanzen für Ihren Garten sind Farnkraut und Haselnusssträucher. Pflanzen Sie diese möglichst in alle vier Ecken oder an strategisch wichtigen Punkten.

Rituale für das Glück

Wir wünschen uns ständig gegenseitig »Viel Glück!«, meistens zu Festtagen, zum Geburtstag oder wenn Situationen anstehen, die wir nicht allein lenken können. Dann brauchen wir Glück, also einen kleinen Schubser von oben in die richtige Richtung. Selbst Menschen, die nicht an höhere Mächte, an einen oder mehrere Götter oder Göttinnen glauben, sprechen von Glück und Unglück. Aber wo kommt Glück her, können wir es wirklich nicht beeinflussen, fliegt es uns einfach zu, oder können wir es uns erarbeiten? Was zieht Glück an? Wie werde ich zum Glückspilz?

Glück kommt meist dann, wenn Sie es gar nicht erwarten; also warten Sie nicht verkrampft darauf. Geben Sie ihm die Chance, über Sie herzufallen!

Das große Glücksritual

Oft erscheint es uns, als ob Glück sehr willkürlich verteilt würde. Es gibt keine Regeln: Weder Fleiß noch Faulheit, weder intensive Bemühungen noch Den-Kopf-in-den-Sand-Stecken hilft, Glück anzuziehen. Aber es gibt eine Lösung: Sie können es sich einfach wünschen! Und der wirkungsvollste Weg ist das große Glücksritual.

Zutaten

Eine weiße Tischdecke
Zwei weiße Kerzen
Eine bunte Ritualkerze
Die magischen Öle Lucky Hand, Angel und Success
Die Räucherungen Fast Luck und Theas Fortuna-Räucherung
Ein Räucherkessel
Sand
Räucherkohle
Ein Mörser
Ein Haselnusszweig als Zauberstab
Ein weißes Blatt Papier
Ein Stift
Möglichst viele vierblättrige Kleeblätter
oder eine Scheibe frisches Brot mit Salz

*Bild links:
Glück ist das höchste Gut des Menschen. Es gibt viele Symbole dafür, wie z.B. das vierblättrige Kleeblatt.*

Vielleicht haben Sie Freunden oder neuen Nachbarn schon einmal Brot und Salz zum Einzug in eine neue Wohnung geschenkt, auch ein sehr altes Glücksritual.

Der richtige Zeitpunkt

Oft empfindet man das, was einem an Glück widerfährt, gar nicht als Glück, sondern als Selbstverständlichkeit. Vorsicht! Auch wenn es gerade aufhört zu regnen, wenn Sie aus dem Haus gehen, ist das ein Glück.

Das Ritual führen Sie am besten an sieben Donnerstagen hintereinander durch. Der ideale Zeitpunkt ist zwischen 14.00 und 15.00 Uhr oder zwischen 21.00 und 22.00 Uhr (nach der Winterzeit).

Vorbereitung

Stellen Sie einen kleinen Tisch oder ein Tablett Richtung Osten auf, und legen Sie die weiße Altardecke darauf. In die Mitte des Tisches legen Sie Ihren Wunschzettel, das weiße Blatt Papier, auf das Sie genau schreiben, was Sie sich wünschen, mit Angabe Ihres vollen Namens.

An die oberen Ecken des Wunschzettels stellen Sie die zwei weißen Kerzen und in die Mitte des Papiers die bunte Ritualkerze. Ölen Sie die beiden weißen Kerzen mit Angel-Öl ein und die Ritualkerze mit Lucky-Hand- und Success-Öl.

Verteilen Sie die vierblättrigen Kleeblätter auf dem Altar, oder legen Sie das frische Brot mit Salz zwischen die beiden weißen Kerzen auf den Wunschzettel. Stellen Sie vor die Ritualkerze das Räuchergefäß, geben Sie etwas Sand hinein, und legen Sie eine angezündete Räucherkohle darauf. Während Sie warten, bis die Räucherkohle gut durchgeglüht ist, zerstoßen Sie ca. einen halben Kaffeelöffel von

Theas Fortuna-Räucherung in dem Mörser und geben dann einen halben Kaffeelöffel Fast-Luck-Räucherung dazu. Wenn die Kohle einen weißen Film hat, ist sie richtig.

Durchführung des Rituals

Jetzt beginnt das eigentliche Ritual. Entzünden Sie die Kerzen. Nehmen Sie den Zauberstab aus Haselnuss, und zeichnen Sie damit symbolisch im Uhrzeigersinn einen Kreis um sich und den Altar. Geben Sie die Räuchermischung auf die Kohle. Setzen Sie sich in bequemer Haltung vor Ihren Altar, und sprechen Sie laut:

Konzentrieren Sie sich genau auf das Gebiet, auf dem Sie nun besonders viel Glück brauchen. Das bündelt die Kräfte.

Ich heiße Euch willkommen,
Ihr Mächte des Kosmos,
Ihr Göttinnen und Götter,
und ich heiße vor allem Dich willkommen,
große Göttin Fortuna,
Du Hüterin des Glücks,
die Du es gerecht unter uns verteilst.
Bitte stehe mir bei diesem Ritual bei
und gib mir all Deine Kraft,
so dass ich mein Ziel erreichen werde.

Visualisieren des Wunsches

Schließen Sie nun die Augen, und stellen Sie sich vor, wie Sie bei allem, was Ihnen wichtig ist, ein glückliches Händchen haben, beispielsweise wie Sie genau die richtigen Zahlen beim Lotto ankreuzen oder wie Sie aus vielen Bewerbern ausgewählt werden. Variieren Sie diese Vision, bis sie genau so ist, wie Sie Ihr Ziel vor Augen haben möchten. Das Bild, das Sie sehen, muss so real wie möglich sein; versuchen Sie nicht nur zu sehen, sondern die Situation auch zu fühlen, zu riechen, zu hören und vor allem im Inneren zu empfinden. Arbeiten Sie mindestens zehn Minuten daran.

Das Ritual beschließen

Öffnen Sie Ihre Augen wieder, und bedanken Sie sich bei Ihren Helfern für ihre Aufmerksamkeit:

Ihr Mächte des Kosmos,
Ihr Göttinnen und Götter,
und vor allem Du, große Göttin Fortuna,
ich danke Euch für Eure Hilfe,
für Eure Aufmerksamkeit und
für die Kraft, die Ihr mir gebt,
meine Ziele zu erreichen.
Ich entlasse Euch nun wieder
und weiß, dass Ihr allezeit an meiner Seite weilt.

Die Weide ist der Baum, der Glück und Unglück gleichermaßen verteilt. Wenn Sie Ihre Ritualutensilien unter ihr vergraben und ihr dafür danken, dass sie darauf aufpasst, wird sie Sie mit Glück belohnen.

Das Ritual ist damit beendet. Nehmen Sie Ihren Zauberstab, und öffnen Sie den Kreis wieder, indem Sie symbolisch einen Kreis um sich und Ihren Altar entgegen dem Uhrzeigersinn in die Luft zeichnen. Löschen Sie die Kerzen. Um aus der magischen Welt wieder zurück auf den Boden der Tatsachen zu gelangen, sollten Sie nun etwas essen und trinken.

Einsatz des Talismans

Wenn Sie einen gelben Glückskobold besitzen oder einen bestimmten Glückstalisman, nehmen Sie diesen mit in das Ritual; legen Sie ihn entweder auf den Altar, oder halten Sie ihn währenddessen in der linken Hand.

Einige Tiere haben den Ruf, Glück und Segen ins Haus zu bringen. Dazu gehören auch Spinnen.

Vergraben von Wunschzettel und Kerzen

Nach dem siebten Donnerstag packen Sie Ihren Wunschzettel und die Kerzen zusammen und vergraben sie unter einer Weide.

Kleine Glücksbringer

Neben den bekannten, althergebrachten Glücksbringern wie vierblättrigem Kleeblatt, Hufeisen oder einer Hasenpfote gibt es auch weniger bekannte, aber deshalb nicht weniger wirksame kleine Helfer für das Glück in allen Lebenslagen.

- Das erste Mützchen eines Kindes gilt seit alten Zeiten als Glücksbringer.
- Tiere wie Spinnen und Heimchen oder gar eine Schlange im Haus bringen Segen.
- Es war früher auch Brauch, in der Johannisnacht die Blüten eines siebenjährigen Hartriegelstrauches aufzuhängen oder Farnkrautsamen bei sich zu tragen.
- Glück und Reichtum verspricht auch das kleine Ritual, im Vollmondlicht den Geldbeutel zu schütteln und anschließend über die linke Schulter zu spucken.
- Wenn Sie dabei auch noch einen Kuckuck rufen hören, wird Ihr Glück groß und von langer Dauer sein.

Gehen Sie ab und zu abends im Wald oder am Waldrand spazieren? Achten Sie auf Rufe von Kuckucken oder von Eulen. Sie bringen Glück und zeigen eine sorglose Zukunft an.

Nicht mehr zeitgemäße Glücksbräuche

Etwas ekliger sind die folgenden alten Bräuche. Ich frage mich allerdings, ob die Menschen so scheußliche Dinge wirklich einmal getan haben und es dann auch noch Glück gebracht hat: Auf jeden Fall sind sie nicht zur Nachahmung zu empfehlen. Und mit dem Tierschutzgesetz zu vereinbaren sind sie auch nicht.

- Es soll besonders viel Glück verschaffen, einem lebenden Maulwurf stillschweigend eine Vorderpfote abzubeißen und diese unter dem Arm in die Kleidung einzunähen.
- Man wirft einen Frosch in einen Ameisenhaufen und sieht zu, wie er abgenagt wird.
- Ein Knöchelchen des Froschskeletts nimmt man dann mit und trägt es immer bei sich.

Rituale für geistige Führung und Intuition

Die meisten Menschen denken, dass eine untrügliche Intuition und magische Fähigkeiten nur sehr wenigen, auserwählten Menschen gegeben sind. Weit gefehlt. Jeder von uns trägt diese Anlagen in sich, sie müssen nur geweckt werden. Durch die Vielfalt der Kulturen in unserer westlichen Welt gibt es auch ein großes Angebot an verschiedenen Religionen. Jede davon hat ihre eigene Art und Weise, um geistige Führung zu bitten. Sehr beliebt bei uns ist mittlerweile die Meditation. Der Blick nach innen in Ruhe und Ausdauer verschafft uns eine klarere Sicht der Dinge und zeigt uns, was wir bisher nicht wahrgenommen haben.

Die weibliche Intuition zu erwecken ist ein Wunsch, der früher oder später in jeder Frau reift. Wir haben alle so viel Intuition in uns; wenn wir sie erwecken, werden wir unschlagbar.

Das große Intuitionsritual

Das große Intuitionsritual ist eine Art Meditation. Es ist gezielt darauf gerichtet, unser inneres Wissen und unser Unterbewusstsein zu aktivieren und nutzbar zu machen.

Zutaten

Eine weiße Tischdecke
Zwei weiße Kerzen
Eine lila Ritualkerze
Die magischen Öle Angel, Indian Guide und Protection
Die Räucherungen Frankincence und Theas Anrufungsräucherung
Ein Räucherkessel
Sand
Räucherkohle
Ein Mörser
Ein Haselnusszweig als Zauberstab
Ein weißes Blatt Papier
Ein Stift
Ein Büschel Eisenkraut oder ätherisches Eisenkrautöl

Bild links: Jeder Mensch trägt die Anlagen für geistige Intuition und magische Fähigkeiten in sich. Es gilt, sie zu wecken und zu lernen, sie gezielt und richtig einzusetzen.

Der richtige Zeitpunkt

Das Intuitionsritual führen Sie an sieben Montagen hintereinander durch, jeweils zwischen 14.00 und 15.00 Uhr oder zwischen 21.00 und 22.00 Uhr (nach der Winterzeit).

Vorbereitung

Stellen Sie sich einen kleinen Tisch oder ein Tablett Richtung Osten auf, und legen Sie die weiße Altardecke darauf. In die Mitte des Tisches legen Sie Ihren Wunschzettel, das weiße Blatt Papier, auf das Sie genau schreiben, mit Angabe Ihres vollen Namens, was Sie sich wünschen.

Intuition heißt vor allem, darauf zu vertrauen, dass sich plötzlich etwas klärt, ohne dass ein besonderer Grund dafür vorliegt.

An die oberen Ecken des Wunschzettels stellen Sie die zwei weißen Kerzen und in die Mitte des Papiers die lila Ritualkerze. Ölen Sie die beiden weißen Kerzen mit Angel-Öl ein und die Ritualkerze mit Indian-Guide- und Protection-Öl. Ölen Sie die Kerzen mit je einem Tropfen Öl, den Sie zwischen Daumen und Zeigefinger zerreiben, von der Mitte nach oben und von der Mitte nach unten ein.
Verteilen Sie das Eisenkraut auf dem Altar, oder geben Sie ein paar Tropfen Eisenkrautöl auf die Altardecke. Stellen Sie vor die Ritualkerze das Räuchergefäß, geben Sie etwas Sand hinein und eine angezündete Räucherkohle darauf. Während Sie warten, bis die Räucherkohle gut durchgeglüht ist, zerstoßen Sie ungefähr einen halben Kaffeelöffel von Theas Anrufungsräucherung in dem Mörser und geben dann einen halben Kaffeelöffel Frankincence-Räucherung dazu. Wenn die Kohle einen weißen Film hat, ist sie richtig.

Durchführung des Rituals

Jetzt beginnt das eigentliche Ritual. Entzünden Sie die Kerzen. Nehmen Sie den Zauberstab aus Haselnuss, und zeichnen Sie damit symbolisch im Uhrzeigersinn einen Kreis um sich und den Altar. Geben Sie die Räuchermischung auf die Kohle. Setzen Sie sich in bequemer Haltung vor Ihren Altar, und sprechen Sie laut:

Ich heiße Euch willkommen,
Ihr Mächte des Kosmos,
Ihr Göttinnen und Götter,

und ich heiße vor allem Dich willkommen,
große Göttin Aradia,
die Du auf Erden gekommen bist,
um uns Menschen die Magie zu lehren.
Bitte stehe mir bei diesem Ritual bei
und gib mir all Deine Kraft,
so dass ich mein Ziel erreichen werde.

Visualisieren des Wunsches

Schließen Sie nun die Augen, und bitten Sie von ganzem Herzen um geistige Führung und Hilfe bei der Entwicklung Ihrer Intuition. Stellen Sie sich vor, wie Sie genau erspüren, welche Dinge wahr sind, wie Sie den richtigen Weg finden und wie Sie Ihr Schutzengel dabei begleitet. Das Bild, das Sie sehen, muss so real wie nur möglich sein; versuchen Sie nicht nur zu sehen, sondern die Situation auch zu fühlen, zu riechen, zu hören und vor allem in Ihrem tiefsten Inneren zu empfinden. Arbeiten Sie mindestens zehn Minuten daran.

Für diese Meditationsübung brauchen Sie sehr viel Geduld. Es gelingt erst langsam, richtig zu visualisieren. Führen Sie diese Übung einfach so oft wie nur möglich durch.

Das Ritual beschließen

Dann öffnen Sie Ihre Augen wieder und bedanken sich bei Ihren Helfern für ihre Aufmerksamkeit:

Schutzengel gibt es in vielen Religionen. Lernen Sie, Ihren Schutzengel zu spüren.

Ihr Mächte des Kosmos,
Ihr Göttinnen und Götter,
und vor allem Du, große Göttin Aradia,
ich danke Euch für Eure Hilfe,
für Eure Aufmerksamkeit und
für die Kraft, die Ihr mir gebt,
meine Ziele zu erreichen.
Ich entlasse Euch nun wieder
und weiß, dass Ihr allezeit an meiner Seite weilt.

Das Ritual ist damit beendet. Nehmen Sie Ihren Zauberstab, und öffnen Sie den Kreis wieder, indem Sie symbolisch einen Kreis um sich und Ihren Altar entgegen dem Uhrzeigersinn in die Luft zeichnen. Löschen Sie die Kerzen. Um wieder zurück auf den Boden der Tatsachen zu gelangen, sollten Sie nun etwas essen und trinken.

Geistige Führung wird Ihnen immer zuteil, wenn Sie darum bitten. Sie müssen nur darauf hören, also Ihre Sinne dafür schärfen.

Vergraben von Wunschzettel und Kerzen

Nach dem siebten Montag packen Sie Ihren Wunschzettel und die Kerzen zusammen und vergraben sie unter einer Weide. Dieser Baum gilt seit jeher als Baum der Hexen, an dem sie sich Kraft und Intuition holen. Wenn Sie genau hinhören, wird die Weide auch mit Ihnen sprechen.

Amulette für geistige Führung

Seit jeher tragen magisch arbeitende Menschen Amulette, die ihre Intuitionsgabe unterstützen und die geistige Führung durch unsere kosmischen Helfer anziehen. Hier möchte ich Ihnen einige Amulette vorstellen, die ich selbst bevorzuge.

Der Geistige Circel zeigt als Symbol das Hexagramm. Es ist die Fortführung des Pentagramms. Es hat einen Zacken mehr, der die innere Führung symbolisiert.

Der Geistige Circel

Das Amulett der Gemeinschaft des Geistigen Circels verbindet die Mitglieder dieser telepathischen Gemeinschaft miteinander. Der Geistige Circel dient nicht nur der telepathischen Kontaktaufnahme mit anderen, gleich gesinnten Menschen und als Erkennungszeichen für diese untereinander, er hilft auch, den Kontakt zu geistigen Führern herzustellen und zu halten. Der Geistige Circel ist eine religionenübergreifende Gemeinschaft. Weder Glaubensrichtung noch Nationalität oder Geschlecht zählen, wichtig ist allein der Wille, die Welt mit Liebe und gegenseitiger Hilfe zum Besseren zu verändern. Mit Hilfe des Geistigen Circels können sich Freundschaften zwischen Menschen entwickeln, die sich niemals wirklich begegnet sind. Intuitiv spüren die Mitglieder, was der andere gerade braucht, und können ihm etwas von der eigenen Kraft zufließen lassen. Am Amulett mit dem Hexagramm erkennen sich die Mitglieder.

Pentagramm

Ein weiteres, sehr wichtiges Amulett ist das Pentagramm. Es symbolisiert die vier Elemente der Erde und die nach oben reichende Spitze den Kontakt zu den himmlischen Kräften. Es gilt als Beschützer vor negativen Einflüssen und als Verstärker von kosmischen Eingebungen.

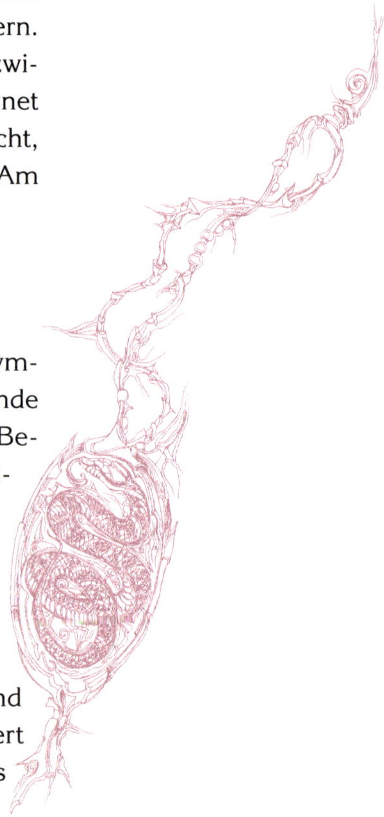

Schlange

Die Schlange als Amulett ist nicht nur Symbol für Gesundheit und Stärke, sie steht auch für die Bereitschaft, zu lernen und dadurch Erkenntnis und Weisheit zu erlangen. Sie signalisiert unsere Hingabe an höheres Wissen und die Bereitschaft, alles anzunehmen und den Weg zur Spiritualität zu gehen.

Früchte, auf einen Altar gestellt, sind ein Zeichen der Dankbarkeit an die Götter.

Kleine Gesten der Dankbarkeit

Auch kleine Zeichen der Dankbarkeit sind immer wieder wichtig und erhalten die Freundschaft, auch zu unseren kosmischen Helfern, zu den Göttinnen und Göttern und – nicht zu vergessen – zu unseren Schutzengeln. Zünden Sie einfach regelmäßig abends eine weiße Kerze an, und visualisieren Sie dabei, wie der Rauch, der in den Himmel steigt, Ihre Dankbarkeit mit nach oben nimmt.

Räuchern Sie auf Ihrem Altar ab und zu ein bisschen Weihrauch; das erfreut die Götter, denn sie lieben diesen Duft.

Dank an die Götter

Die Planeten und deren Herrscher, die wir bei größeren Ritualen immer wieder ansprechen, haben ihre bestimmten Vorlieben.

- Der Göttin Venus kann man danke sagen, indem man ihr eine schöne große Muschel auf den Altar legt.
- Der Mond liebt silberne Dinge, also opfern Sie ihm ein Schmuckstück aus Silber.
- Für Jupiter, den Glücksplaneten, der uns materiellen Reichtum bringt, geben wir eine Schale mit Safran.
- Für Merkur legen wir einen Lorbeerkranz auf den Altar.
- Und die Sonne bekommt natürlich einen riesigen Strauß Sonnenblumen.

Die Hexe und ihre Lehrlinge

Zum Abschluss dieses Buches über das Hexenwissen noch einige Worte zu den Trägerinnen dieses Wissens, den Hexen. Sie waren es, die in finsteren Zeiten der Verfolgung über Jahrhunderte das alte Wissen um die überlieferte Mystik und Magie von Generation zu Generation weitergaben. Meist mussten sie ihre Kunst im Verborgenen ausüben. Erst seit Mitte des 20. Jahrhunderts wagen Frauen es wieder, sich zu ihren weiblichen Traditionen zu bekennen, und üben die Magie auch öffentlich aus.

Schon meine Großmutter legte Tarotkarten und sagte damit der Mutter, deren Kind sie gerade entbunden hatte, das Schicksal des Babys voraus.

Jede Frau ist eine Hexe

Grundsätzlich ist jede Frau eine Hexe. Keine Angst vor den alten Hexenklischees! Damit möchte ich lediglich sagen: In jeder Frau steckt die Fähigkeit, ihre Intuition und ihr Unterbewusstsein so weit zu aktivieren, dass die magischen Kräfte, die Frauen schon immer hatten und auch heute noch haben, wieder zum Vorschein kommen. Das einzige Hindernis, aber auch das einzige Mittel zur Ausübung der Magie ist der eigene Wille.

Erweckung der Intuition

Die ursprünglichen weiblichen Fähigkeiten sind tief in uns verschüttet. Um sie wieder zu entdecken, brauchen wir zunächst den festen Glauben daran, diese magische Intuition auch wirklich zu besitzen, und die Überzeugung, sie erwecken zu können und mit den Energien dieser Welt in Harmonie zusammenzuarbeiten.

Bild links: Magisches Wissen wird von Generation zu Generation weitergegeben. Alle Frauen besitzen die Fähigkeit, es sich anzueignen.

Lehrjahre einer Hexe

Meist gibt es ein initiales Ereignis, das uns zeigt: Da ist etwas in uns und um uns, das können wir zwar nicht in Worten erklären, aber diese Kraft ist so stark, dass wir uns davon angezogen fühlen. Wir

möchten dem Geheimnis nachgehen. Beinahe jeder Mensch wird früher oder später mit einem Vorkommnis konfrontiert, das sein früheres Leben infrage stellt und Neues bewirkt.
Bei mir war es ein Absturz im Gebirge, als ich 16 Jahre alt war. Kurze Zeit war ich tot und erlebte dabei eine ganz andere Welt. Mein Schutzengel nahm mich in Empfang und erklärte mir viele Dinge und Zusammenhänge. Er machte mir auch klar, dass meine Aufgaben auf dieser für uns realen Welt noch lange nicht erledigt sind. Dieses Erlebnis war für mich so einschneidend, dass es mich auch nach meiner Genesung nie mehr losließ. Deshalb änderte ich aber nicht gleich mein ganzes Leben. Es war eher ein langsamer Prozess, in dem ich mich immer mehr mit mystischen Themen auseinander setzte und langsam meine Fähigkeiten entdeckte. Ich fing dann an, für Freunde Tarotkarten zu legen. Diese Praxis schulte meine Intuition, und schon nach kurzer Zeit wurden meine Prognosen immer sicherer und bewahrheiteten sich mehr und mehr. Das war aber nur der Anfang. Es vergingen noch Jahre, bis ich beschloss, die Arbeit mit Magie von Grund auf zu erlernen. Ich ging bei einer initiierten Hexe in die Lehre. Erst nach meiner langjährigen Ausbildungszeit und weiterführenden Seminaren, nach vielen Diskussionen und Auseinandersetzungen mit Gleichgesinnten konnte ich sicher sein, anderen Menschen mit Hilfe von magischen Ritualen und durch den Beistand der Götter wirklich helfen zu können.

Sie können sich auch selbst als Hexe ausbilden, etwa anhand von Literatur und von eigenen Erfahrungen. Die persönliche Beziehung zu einer erfahrenen Hexe gibt Ihnen aber die Sicherheit, richtig zu lernen.

Hilfe für andere

Damit möchte ich sagen: Selbst wenn Sie eine tiefe mystische Verbundenheit mit unseren kosmischen Kräften verspüren, wenn Sie Träume haben, die in Erfüllung gehen, wenn Sie erfolgreich mit Hilfe von Tarotkarten, Runen, Glaskugeln und anderem die Zukunft deuten können – eine richtige magische Ausbildung ist immer notwendig, um mit diesen Fähigkeiten richtig umgehen zu können.

Verantwortung

Es erfordert ein hohes Verantwortungsbewusstsein, wenn man anderen Menschen Hilfe anbieten möchte. Was darf man tun, um Dinge positiv zu verändern, und wovon sollte man lieber die Finger

Ein Blick in den Spiegel kann helfen, sich Klarheit zu verschaffen. Gehen Sie in sich und lernen Sie, Verantwortung zu übernehmen und Vertrauen zu gewinnen.

lassen? Welche Eingriffe sind wirklich positiv? Darf ich ein Liebesritual durchführen, wenn der gewünschte Partner in einer anderen Beziehung glücklich ist oder es zu sein scheint? Darf ich ein berufliches Erfolgsritual für jemanden durchführen, wenn dadurch vielleicht andere Menschen entlassen werden? Wo stehe ich dabei mit meinen eigenen Gefühlen? Habe ich die nötige Objektivität, um Sachverhalte richtig beurteilen zu können? Das alles sind wichtige Fragen, die im normalen Hexenleben auftauchen. Damit umzugehen ist nicht einfach. Auch als Hexe ist eine Frau in erster Linie einfach ein Mensch mit Fehlern, Hoffnungen, Zielen und Bedürfnissen. Alle diese Komponenten gilt es zu berücksichtigen. Eine gewisse menschliche Reife, Ausgeglichenheit und Stärke sind daher für diesen Beruf unabdingbar. Aus diesem Grund nehme ich nur Lehrlinge an, die zumindest das 21. Lebensjahr bereits abgeschlossen haben, die in sich gefestigt erscheinen und nicht mit größeren privaten oder beruflichen Problemen zu mir kommen.

Eine Hexe muss ihre Intuition schulen, ihre Sensibilität verfeinern und tief im Inneren schlummernde magische Fähigkeiten in sich erwecken.

Vertrauen

Zunächst einmal muss der Energiefluss zwischen Hexe und Lehrling funktionieren. Wie man heute sagt, die Chemie muss stimmen. Der Lehrling muss absolutes Vertrauen zu seiner Lehrmeisterin mitbringen und den unbedingten Willen, sich den Kräften, mit denen er arbeiten möchte, zunächst vollkommen zu unterwerfen. Die Ausbildung zur Hexe dauert mindestens drei Jahre. In dieser Zeit macht

sich der »Zauberlehrling« mit den kosmischen Kräften vertraut, erfährt, was »die Welt im Innersten zusammenhält«, und lernt vor allem sich selbst, seine Fähigkeiten und seine Intention kennen.

Disziplin

Es erfordert sehr viel Disziplin und Durchhaltevermögen, eine richtige Hexe zu werden. Es gibt viele Misserfolge, Experimente, und Sie verbrennen sich garantiert öfter als einmal die Finger. Geduld und Liebe zu dem, was Sie tun, ist das wichtigste Grundprinzip. Die Nymphenzeit (so heißt die Lehrlingszeit der Hexe) ist nicht die Zeit, Kritik zu üben und zu zweifeln, außer an sich selbst. Dadurch entwickelt sich die Nymphe weiter, sie geht vorwärts und akzeptiert auch mal einen Rückschritt. Durch die Entfaltung der eigenen Kreativität entwickelt sie ihre ganz persönliche Magie. Alle Zusammenhänge werden erklärt und reizen dadurch zu Experimenten an.

Wenn Sie wirklich Hexe werden wollen, lassen Sie alle Schulweisheiten hinter sich, und lernen Sie, vollkommen neu zu denken.

Kreativität

Die langjährige Erfahrung, die die Nymphe dadurch gewinnt, macht sie sicher in ihrer Arbeit, sie wird klüger und weiser und wird die kosmischen Zusammenhänge unserer Welt verstehen lernen. Erst dann kann sie die Verantwortung für ihr Tun selbst übernehmen und anderen Menschen auch wirklich helfen.

Glaube

Zum Abschluss möchte ich Sie mit einem Grundprinzip in der Ausbildung einer Hexe bekannt machen. Das zentrale Anliegen auf dem Weg zur Magie ist der Glaube. Dieses Prinzip wird in folgendem magischen Satz verdeutlicht:

Warum fragst du, wenn du glaubst?
Und warum glaubst du, fragen zu können, wenn du sagst, du glaubst?
Darum frage ständig nach dem Glauben der Wahrheit.
Darum stelle niemals den Glauben der Wahrheit infrage.
Darum erkenne den Glauben, ohne zu fragen.
Und ertrage die Wahrheit an einen Glauben voller Fragen.

Aus Theas Leben

Theas mystischer Weg begann im Alter von 16 Jahren, als sie bei einem schweren Bergunfall lebensgefährliche Verletzungen erlitt. Nach dem Absturz war sie für kurze Zeit klinisch tot, und ihr wurde ein Blick in die jenseitige Welt geschenkt. Sie erfuhr, dass es noch mehr zwischen Himmel und Erde gibt als das, was mit dem bloßen Auge sichtbar ist, und entwickelte eine Vorstellung davon, welche kosmischen Kräfte und Energien es gibt und wie wir Menschen sie nutzen können.

Theas Leben veränderte sich von Grund auf. Sie gab ihren kaufmännischen Beruf auf und widmete sich intensiv esoterischen Studien. Ihr neues Lebensziel war und ist es, allen Hilfe suchenden Menschen mit Rat und Tat zur Seite zu stehen. Sie gibt das uralte magische Hexenwissen an interessierte Schüler weiter.

Thea ist keine auf einem Besen reitende, unverständliche Zauberformeln murmelnde Hexe, wie wir sie aus dem Märchen kennen. Sie ist eine weise Frau, die aus innerer Überzeugung weiße Magie ausübt – eine moderne, selbstbewusste Frau, die von dem Wunsch beseelt ist, ihre besonderen Kräfte helfend einzusetzen. Thea führt auch Trauungszeremonien nach alter mystischer Überlieferung durch. Sie verbindet Paare nach keltischer Tradition mit dem Segen der großen Göttinnen und Götter.

Kontakt zu Thea:

Hexenhaus.net
Postfach 82 07 61
D – 81807 München
www.hexenhaus.net
service@hexenhaus.net
Beratungszeiten:
Montag bis Freitag von
11 Uhr bis 19 Uhr,
Tel.: 0 89/42 77 52 17

Bezugsquelle für Theas Produkte:

Hexenshop.net
Heinrich-Zille-Str. 13
D – 70794 Filderstadt
Tel.: 07 11/2 20 47 48
Fax: 07 11/2 20 47 55
www.hexenshop.net
bestellung@hexenshop.net

Impressum

ISBN 3 8094 1847 1

Umschlaggestaltung: Gerhard Versen, Bad Aibling
Projektleitung: Karin Stuhldreier
Bildredaktion: Tanja Nerger
DTP/Satz: Mihriye Yücel
Herstellung dieser Ausgabe: Sonja Storz
Druck und Bindung: Těšínská tiskárna Český Těšín

Printed in Czech Republic

038720206X8172635445362

Danksagung

An dieser Stelle möchte ich all den Menschen in meinem Leben danken, die mich bei meiner Arbeit so wunderbar unterstützen. Meiner Familie danke ich für die liebevolle Atmosphäre und die Zuneigung, die mir viel Kraft gibt. Besonders erwähnen möchte ich meinen Sohn Oliver, der durch seine konstruktive Kritik aus der Sicht des Jugendlichen immer wieder meine Gedanken anregt und überholte Meinungen in Frage stellt.
Meinem Manager danke ich für seinen tatkräftigen und aufbauenden Beistand, selbst in den schwierigsten Situationen.
Dank auch meinen langjährigen und treuen Freundinnen Almut, Claudia und Maria, die mir stets Arbeit abgenommen haben, Stress von mir fern hielten und meine Kundschaft mit viel Engagement mitbetreuten.
Dank auch den Mitarbeitern meines Musikstudios, deren musikalische Phantasie meine Inspiration anregte.
Zu guter Letzt vergesse ich natürlich nicht, mich für die Anregungen meiner treuen Kunden und Leser zu bedenken, ohne deren Interesse meine ganze Arbeit wenig Sinn hätte.
Dafür, dass ich mit meiner Magie anderen Menschen helfen kann, bin ich den magischen Mächten ganz besonders dankbar.

Bildnachweis

Gettyimages, München: 14 (Hulton Archiv); Lizenzfrei: 49 (Getty/Brand x Pictures/Steve Satushek), 52, 148 (Getty/Photodisc Grün/Don Farrall), 118 (Stockbyte), 154 (Digital Vision); Photodisc: 2, 18, 55, 59, 65, 75, 81, 120, 140, 145, 169; Südwest Verlag, München: U1, 10, 29, 40, 44, 68, 114, 131 (Barbara Bonisolli), 8, 112, 124 (Felbert/Eickenberg), 16 (N. N.), 22 (Peter Rees), 26, 38, 43, 63, 71, 87, 90, 93, 95, 97, 100, 126, 150 (Michael Holz), 30, 152 (Rainer Hofmann), 32, 160 (Matthias Tunger), 34 (Christian Kargl), 82, 107, 165 (Siegfried Sperl), 129, 162 (Joachim Heller), 132, 136 (Inge Ofenstein), 142 (Nicolas Olonetzky), 157 (Frank Heuer), 166 (Susanne Kracke)

Hinweis

Das vorliegende Buch ist sorgfältig erarbeitet worden. Dennoch erfolgen alle Angaben ohne Gewähr. Weder Autorin noch Verlag können für eventuelle Schäden, die aus den im Buch gemachten Hinweisen resultieren, eine Haftung übernehmen.